Trier

Mit den Römern fing alles an: Sie errichteten im lieblichen Tal der Mosel eine gigantische Stadt, die vornehmste ganz Galliens und Germaniens. Und obwohl die römische Gründung über 2000 Jahre zurückliegt – in Trier ist die Vergangenheit äußerst lebendig, ja geradezu neu belebt. Denn seit 1998 finden in den imponierenden Ruinen von Amphitheater und Kaiserthermen im Sommer die Antikenfestspiele statt, mit Theater, Oper, Rezitationen. Symposien in Zusammenarbeit mit der Universität Trier begleiten das ehrgeizige Projekt.

▬ Die späteren Stadtherren, die Bischöfe, standen den Römern in nichts nach: Auch sie waren vom ›Bauwurm‹ befallen, ließen prächtigste Kirchen und Paläste erbauen, manchmal versuchten sie sogar, die Römer zu überbieten. Heiligtümer wurden angehäuft, die Pilger strömten in Massen in die Stadt. Und das Geld, das die Wallfahrer in Trier ließen, ermöglichte wiederum neue Kunstwerke zu Ehren Gottes. Berühmtestes Pilgerziel ist die Tunika, die Jesus auf seinem Weg zum Kreuz getragen haben soll. 1996 war der Heilige Rock zum letzten Mal ausgestellt. Eine Million Menschen füllte den Domvorplatz, der in den 1990er Jahren umgestaltet worden war. Neu hergerichtet und überwältigend präsentiert sich auch St. Matthias mit dem Apostelgrab samt Freiplatz.

▬ Bekanntlich sollen geistliche Herren gute Speise und Trank nicht generell ablehnen. Vielleicht ist das der Grund für die vielen stimmungsvollen Lokale in der Altstadt und an den Moselufern. Und weil angeblich unterm Krummstab gut leben ist, feiern die Trierer sehr gerne – bis heute. ›Trier, aller Städte Zier, Freude und Fröhlichkeit weilen allzeit in dir‹, heißt es bereits in einem mittelalterlichen Studentenlied. Und seit mit der neuen Universität Tarforst ab 1970 die Studenten wieder vermehrt an die Ufer der Mosel zurückgekehrt sind, weht zudem ein frischer Wind durch die Gastronomie und das Veranstaltungsangebot.

▬ Immer zahlreicher werden die Institutionen, mit denen sich Trier in den Reigen der europäischen Treffpunkte einfügt. Erst 1998 eröffnete der moderne Komplex der Europäischen Rechtsakademie mit hauseigenem Congreß-Center.
Was Deutschlands älteste Stadt neben Altvertrautem an Neuem bereit hält, hat Cornelia Oelwein entdeckt; die Fotos stammen von Urs Kluyver. Für den Ausflug die ›Mosel‹ hinab bis zur Mündung empfiehlt sich der HB-Bildatlas Nr. 135, für eine Wanderung durch die ›Eifel‹ die Nr. 121, für einen Abstecher ins nahe ›Luxemburg‹ die Nr. 62.

Ein Meisterwerk spätbarocker Kirchenbaukunst ist St. Paulin in der Trierer Nordstadt.

Titel: Hauptmarkt, Triers ›Gute Stube‹.

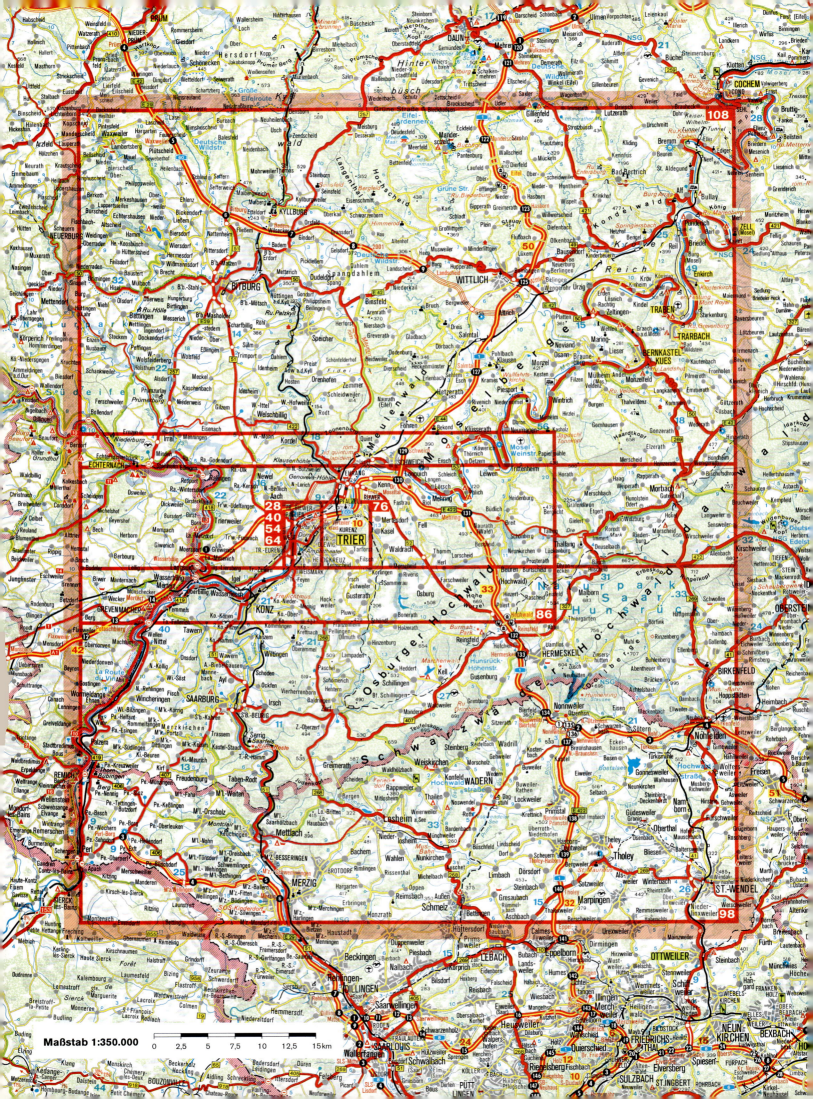

Inhalt

Reizvolle Blicke auf Trier und das Umland

- 6 Bürgerliches Aushängeschild
- 8 Auf Schritt und Tritt Antike
- 10 Die Trierer feiern gut und gerne
- 12 Kirchtürme als Wegweiser
- 14 Keravision und andere Visionen
- 16 Ohne Wein unvorstellbar
- 18 Trier und Umgebung: Land, Leute, Geschichte

Tor zu 2000 Jahren Geschichte: Porta Nigra

- 20 Trier-Altstadt: Römertor Porta Nigra · Städtisches Museum im Simeonstift · Simeonstraße · Glockenstraße · Judenviertel
- 28 Innenstadtplan von Trier
- 29 Wo gibt es was?

Alle Wege führen zum Hauptmarkt

- 30 Trier-Altstadt: Vom Hauptmarkt über den Kornmarkt zum Viehmarktplatz · Jesuitenkolleg und der Hexenwahn · Stadtbibliothek · Spielzeug-, Thermen- und Karl-Marx-Museum
- 40 Innenstadtplan von Trier
- 41 Wo gibt es was?

Vom Dom bis zu den Kaiserthermen

- 42 Trier-Altstadt: Einmalige Doppelkirche Dom und Liebfrauen · Palais Kesselstatt · Palais Walderdorff · Basilika · Kurfürstlicher Palast · Kaiserthermen · Rheinisches Landesmuseum
- 54 Innenstadtplan von Trier
- 55 Wo gibt es was?

›Genußmeile‹ Zurlaubener Ufer

- 56 Trier am Wasser: Zu Fisch und ›Viez‹ ans linke Moselufer · Altes Schifferviertel · Nells Ländchen · Barbarathermen
- 64 Innenstadtplan von Trier
- 65 Wo gibt es was?

International, die Treffpunkte am Cityrand

- 66 Trier außerhalb der alten Mauern: St. Maximin, St. Paulin, Heiligkreuz, St. Matthias · Amphitheater · Rechtsakademie · Winzerstadtteil Olewig · Universität Tarforst
- 76 Stadtplan von Trier
- 77 Wo gibt es was?

Ziele mit Moselblick – attraktiv und inspirierend

- 78 Trier-West und Orte in der Nähe: Kunstakademie · Schlösser Monaise und Quint · Igel · Pfalzel · Ruwer
- 86 Stadtplan von Trier und Autokarte
- 87 Wo gibt es was?

Die Saar entlang und in den Hunsrück

- 88 Konz · Tawern · Saarburg · Kastel-Staadt · Mettlach · Hermeskeil · Kell am See · Waldrach
- 98 Autokarte
- 99 Wo gibt es was?

Schon die Römer zog es an die Mittelmosel

- 100 Schweich · Mehring · Trittenheim · Neumagen-Dhron · Piesport · Veldenz · Bernkastel-Kues · Ürzig · Wittlich in der Eifel
- 108 Autokarte
- 109 Wo gibt es was?

Anhang

- 110 Touristik-Informationen mit Bahnkarte
- 111 Ausgewählte Hotels und Restaurants
- 112 Touristik-Informationen mit Klimatabelle
- 113 Register, Impressum, Zeichenerklärung der Karten
- 114 Vorschau Lieferbare Ausgaben

Freiluft-Café im Brunnenhof an der Porta Nigra.

Bürgerliches Aushängeschild

Seit dem 10. Jahrhundert Zentrum der Bürger von Trier ist der Hauptmarkt. Als eindrucksvolles Zeichen ihres Selbstbewußtseins gilt die Steipe, der ab 1454 errichtete städtische Repräsentationsbau an der Westseite. Bereits im frühen Mittelalter entstanden die wehrhaften Wohntürme, später stattliche Bürgerhäuser verschiedenster Epochen. Bis heute wogt von Montag bis Samstag um das Marktkreuz ein farbenfroher Wochenmarkt unter den Augen des Stadtheiligen Petrus am Marktbrunnen.

Neben dem Stadtheiligen auf der Mittelsäule zieren Allegorien der vier Kardinaltugenden den Brunnen auf Triers Hauptmarkt.

Auf Schritt und Tritt Antike

In keiner deutschen Stadt ist die Antike so gegenwärtig wie in Trier. Die Römer errichteten eine überwältigende Fülle imposanter Bauten. Höhepunkte sind die Krönungshalle oder Basilika, die Kaiserthermen, das Amphitheater und die Porta Nigra – gewissermaßen das Wahrzeichen des römischen Germanien. Kaum ein Spatenstich ist möglich, ohne auf immer neue Funde zu stoßen. Denn noch längst ist nicht alles ans Tageslicht befördert, was die Römer hinterlassen haben.

Die Kaiserthermen sind die größte bekannte römische Bäderanlage außerhalb von Rom.

Die Trierer feiern gut und gerne

Ganz oben auf dem Veranstaltungskalender steht das Wein & Gourmet Festival im April. Beim Altstadtfest im Juni verwandelt sich die Fußgängerzone in einen riesigen Rummelplatz. Auf der Peter-und-Paul-Messe gegen Ende des Monats konkurrieren in alter Messetradition Verkaufsstände mit Vergnügungsgeschäften. Höhepunkt ist das Moselfest im Juli, gefolgt vom Weinfest im Winzerstadtteil Olewig im August. Das Festjahr beschließt der große Weihnachtsmarkt. Und dann ist schon bald wieder Zeit, sich für die fünfte, die närrische Jahreszeit zu rüsten.

Süße Sachen, tiefe Blicke: Moselfest im Stadtteil Zurlauben.

Kirchtürme als Wegweiser

Nach den Römern waren die Bischöfe und späteren Kurfürsten Triers größte Bauherren. Es wurde behauptet, daß Trier mehr geistliche Gebäude hat als irgendeine andere Stadt dieser Größe. Ein Großteil wurde nach der Säkularisation Anfang des 19. Jahrhunderts abgerissen. Aber immer noch beherrschen Kirchtürme das Stadtbild: Wegweiser zu kostbaren gotischen Fresken, herrlichen Renaissance-Portalen und barocken Altären.

Der Trierer Dom St. Peter bildet mit der gotischen Liebfrauenkirche (links) eine interessante Doppelanlage.

Keravision und andere Visionen

Kunst und Kultur werden in Trier und Umgebung groß geschrieben. Auf dem Gelände der einstigen Benediktinerabtei Mettlach zum Beispiel entsteht seit 1809 hochwertige Keramik, anspruchsvoll dokumentiert in der firmeneigenen Ausstellung Keravision. Eine Vision konnte auch der Intendant des Trierer Stadttheaters verwirklichen: die Antikenfestspiele. Und wer seine künstlerischen Träume noch nicht recht umsetzen kann, sollte es einmal mit Kursen in Triers Europäischer Akademie der Bildenden Kunst versuchen.

Teil der Keravision in Mettlachs alter Abtei: Tischkultur mit edlem Geschirr.

Ohne Wein unvorstellbar

Was wäre Trier, läge es nicht an der Mosel? Mit seinen burgenbewehrten Weinhängen schlängelt sich der zur Binnenschiffahrtsstraße ausgebaute Fluß Richtung Koblenz, wo er sich mit dem Rhein vereint. Wir begleiten die Mosel ein Stückchen und kommen vorbei an alten Römersteinen, prächtigen Fachwerkhäusern, idyllischen Dörfern und malerischen Städten. Die Namen der Weinorte an der Mittelmosel kennt man von Flaschenetiketten: Trittenheimer Altärchen, Piesporter Michelsberg, Ürziger Lay ...

Bernkastel-Kues zählt zu den meistbesuchten Mosel-Weinorten.

Trier und Umgebung:

Die große Kleinstadt ...

Trier zählt mit seinen rund 110 000 Einwohnern nicht zu den größten Städten Deutschlands. Dafür kann die rheinland-pfälzische Bezirkshauptstadt für sich das Prädikat ›älteste Stadt Deutschlands‹ in Anspruch nehmen: gegründet durch die Römer an der Kreuzung verschiedener Fernstraßen und an der Moselfurt. Das heutige Stadtgebiet umfaßt 117 Quadratkilometer. Der Großteil seiner Einwohner ist im Dienstleistungsgewerbe tätig.
Trier ist Zentrum des Weinbaugebiets Mosel-Saar-Ruwer, Schul- und Verwaltungsstadt, moderne Wohnstadt in den Vororten und gemütliche Altstadt, die neben imposanten Römerbauten und beschwingt-festlichen Hinterlassenschaften der barocken Kurfürsten viele gute Restaurants, freundliche Cafés, stimmungsvolle Studentenkneipen und Weinstuben besitzt.

... in ›angenehmer Gegend‹

Das ›alte Pfaffennest‹ liegt, wie bereits Geheimrat von Goethe feststellte, in einer ›angenehmen Gegend‹, eingebettet in ein reizvolles Umland mit den Höhen und Wäldern von Hunsrück und Eifel sowie den Weinterrassen an Mosel, Saar, Ruwer und Sauer, mitten im Vierländereck. Dreißig Autominuten sind es bis zur französischen Grenze, nur wenig mehr nach Belgien. Und Luxemburg liegt praktisch vor der Tür.

Seit der Römerzeit wird Wein im Moseltal kultiviert und sogar von Händlern exportiert – wie das Neumagener Weinschiff beweist.

Mit den Luxemburgern haben die Trierer nicht einmal Verständigungsschwierigkeiten. Denn in Trier spricht man Moselfränkisch, einen Dialekt, der sich im Nachbarland Luxemburg zur Nationalsprache entwickelt hat.

Einem alten Spruch zufolge (man kennt ihn auch von Münster/Westfalen) regnet es in Trier oder die Glocken läuten. Das mit den Glocken kann man bei der Anzahl der Kirchen nicht ganz abstreiten, doch mit dem Wetter meint es Petrus, der Stadtheilige, im Moseltal gut: Trier ist mit fast südlichem Klima gesegnet. Deshalb gedeiht hier nicht nur der Moselwein, sondern es wachsen auch Walnüsse, Eßkastanien, Pfirsiche, ja sogar Feigen.
Trier selbst ist eine grüne Stadt. Zwei Drittel des Stadtgebiets sind Grünflächen: Weinberge, ausgedehnte Wälder und landwirtschaftliche Nutzflächen am Rand, Parks und zahlreiche Gärten in der Altstadt. Schon die Reisenden des 19. Jahrhunderts rühmten die herrlichen Nußbaum- und Pappelalleen, die auf den zugeschütteten Gräben rund um die mittelalterliche Stadtbefestigung entstanden waren und zum Flanieren einluden. Noch heute umgibt der Alleenring die Altstadt wie ein grüner Gürtel, auch wenn die mehrspurige Autostraße die Flaneure vertrieben hat. In der Moselaue allerdings kann man noch immer geruhsam lustwandeln und natürlich in Nells Ländchen, Triers stimmungsvollster Grünanlage.

In der Antike eine Weltstadt

›Der Ursprung der Stadt verliert sich in der Fabelzeit‹, vermerkte Johann Wolfgang von Goethe, als er anno 1792 in Trier weilte. Die Geschichtsforschung ist in dieser Frage seither kaum weitergekommen. Nur soviel ist gewiß: Der Stadtgründer Trebeta und eine Gründung vor Rom ist in das Reich der Sagen zu verbannen. Erst 16 v. Chr. ist Trier nachzuweisen, als die Römer mitten im Siedlungsgebiet der keltischen Treverer eine Brücke über die Mosel bauten und die erste Stadt auf deutschem Boden gründeten: Augusta Treverorum.
Von nun an ging es steil bergauf. Zur wirklichen Weltstadt entwickelte sich Trier Ende des 3. Jahrhunderts, als es im Rahmen der Neuordnung des Römischen Reiches Hauptstadt des Westens – von Nordafrika bis Britannien – wurde. Innerhalb der römischen Stadtmauer lebten nahezu 80 000 Menschen, ebenso viele wie im heutigen Trier, wenn man die eingemeindeten Vororte einmal außer acht läßt. Unter Konstantin dem Großen und seiner Mutter, der später heiliggesprochenen Helena († 330), wurde die Stadt standesgemäß ausgebaut und erlebte ihre höchste Blüte. Bis etwa um 400 dauerte diese Glanzzeit. Dann wurde die Residenz nach Mailand und die Verwaltung nach Arles verlegt und die Armee zur Verteidigung anderer bedrohter Teile des Imperiums abgezogen. Mit den Institutionen verließ auch die römische Oberschicht Augusta Treverorum.

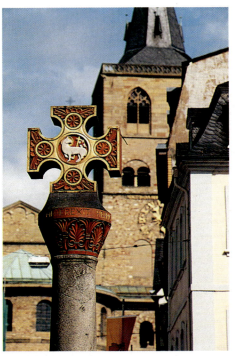

Nachdem der Kaiser 958 das Markt- und Münzrecht dem Trierer Erzbischof übertragen hatte, wurde das Marktkreuz errichtet.

Die schutzlos gewordene Stadt wurde nun mehrfach Opfer von Eroberungen und Plünderungen der Germanen und Hunnen. Spätestens seit 480 gehörte Trier endgültig zum Frankenreich.

Unter den Bischöfen Residenz

Die überregionale Bedeutung als Hauptstadt war längst dahin. Bereits seit spätantiker Zeit residierten in Trier Bischöfe. Im 9. Jahrhundert zu Erzbischöfen befördert, gelang ihnen im 14. Jahrhundert der Aufstieg zu Kurfürsten. Als solche konnten sie entscheidenden Einfluß auf die Politik im Deutschen Reich nehmen. Das jahrhundertelange Leben der Trierer unter dem Klerus hat ihr Selbstbewußtsein nicht gebrochen. Überall in der Stadt lassen sich Hinweise auf das ständige Bemühen der Bürger um städtische Unabhängigkeit finden, die sie jedoch nie erreichten.
1794 wurde Trier, das auch in den vergangenen Jahrhunderten von Kriegspein häufig heimgesucht war, von den französischen Revolutionstruppen eingenommen. Die Franzosen kürten ›Trèves‹ zur Hauptstadt des Saar-Departements. Das Kurfürstentum wurde abgeschafft und die 1473 gegründete Universität geschlossen. 1814 besetzten preußische Truppen Trier; ein Jahr später war es preußisch. Die dadurch entstandene Randlage im Reich erschwerte die wirtschaftliche und kulturelle Entwicklung. Eine neue Universität wurde anstatt in Trier in Bonn gegründet, der Apellationsgerichtshof von Trier nach Köln verlegt. Der fehlende Weinabsatz nach Frankreich trieb viele Winzer in den Ruin.

Land, Leute, Geschichte

Vom 19. ins 20. Jahrhundert

Dies änderte sich erst nach dem deutsch-französischen Krieg von 1870/71: Lothringen und Luxemburg wurden dem deutschen Wirtschaftsgebiet zugeschlagen, Trier lag nicht mehr im Grenzland. Da die Stadt seit 1860 zudem ans Eisenbahnnetz angeschlossen war, kam es zur Ansiedlung größerer Betriebe. Der neue Wohlstand ist bis heute an den Neubauten der Gründerzeit abzulesen. Mit der Besetzung durch französische Truppen nach dem Ersten Weltkrieg bis zum Jahr 1930 schied Trier aus dem deutschen Wirtschaftsverband aus.

Die Bomben des Zweiten Weltkriegs zerstörten Trier zu rund 40 Prozent. Mit viel Geschick wurden die wichtigsten Gebäude wiederhergestellt, in manchen Fällen entschied man sich sogar für eine Rekonstruktion nach historischen Vorlagen. So sind noch heute die prächtigen Bauten aus zwei Jahrtausenden nebeneinader zu bestaunen, die Trier 1975 den Titel einer Modellstadt im Europäischen Denkmalschutzjahr einbrachten und seinen Platz in der Unesco-Liste des Weltkulturerbes sichern.

Nicht nur Lasten befördert die Mosel, auch Ausflugsschiffe kreuzen den lieblichen Fluß mit seinen Weinbergen – hier bei Graach.

Zurück zur Moselschiffahrt

Erneuten Aufschwung nahm die Stadt erst nach dem Ausbau der Mosel zur internationalen Schiffahrtsstraße (1958–1964). Damit verband die Mosel den Mittelrhein mit dem französischen Kanalnetz und der Saar. Am 26. Mai 1965 konnte Trier seinen neuen Hafen im Stadtteil Ehrang eröffnen, nachdem die Schiffahrtstradition, die bis in die Römerzeit zürückreicht, mit der Einstellung des Betriebs im alten Hafen seit 1910 unterbrochen war.

Seit dem Abschluß des Saarausbaus 1988 steuert der Schiffsverkehr weiter auf Expansionskurs.

Mit einem Umschlag von rund 900 000 Tonnen pro Jahr nimmt der Hafen Trier unter Deutschlands hundert öffentlichen Binnenhäfen einen guten Mittelplatz ein. Die Güterpalette reicht von Mineralölprodukten über Eisen, Stahl, Metallabfälle, Altglas, landwirtschaftliche Produkte und Baustoffe bis zu Halb- und Fertigwaren.

Europäische Dimensionen

Triers Nachkriegsentwicklung hat sich nicht auf die Wirtschaft beschränkt. Mit der Wiedererrichtung der Universität 1970 und über 50 verschiedensten Schulen wurde Trier erneut zu einer jungen Schul- und Studentenstadt.

Zu einer Stadt, die mit Institutionen wie der Europäischen Akademie des Rheinland-Pfälzischen Sports, der Europäischen Akademie für Bildende Kunst, dem Euro Info Center, dem Europäischen Tourismus Institut und dem modernen Komplex der Europäischen Rechtsakademie samt Congreß-Center und direkt angeschlossenem Europa Congreßhotel längst auf Europakurs ist.

Zum größten klassischen Musikfestival in Rheinland-Pfalz haben sich die 1985 ins Leben gerufenen Mosel Festwochen mit internationaler Besetzung entwickelt. Nun will Trier den Sprung an die Spitze der europäischen Festspielstädte schaffen: Mit viel Engagement wurden 1998 die Antikenfestspiele ins Leben gerufen. Den europäischen Rahmen bereits gesprengt haben Triers Partnerstädte, zu denen neben Ascoli Piceno, Gloucester, s'-Hertogenbosch, Metz, Pula und Weimar auch Fort Worth in Texas gehört.

Bacchus ›lieb und traut‹

Bei allem Neuen, die Tradition des Weinanbaus wird sorgsam gepflegt: Die Stadt ist Bacchus ›lieb und traut‹, weiß schon ein mittelalterliches Studentenlied. Die römischen Legionäre hatten ein paar Rebstöcke im Marschgepäck. Bald gedieh an den steilen Moselhängen ein ganz vorzügliches Tröpfchen. 2000 Jahre Weinbau, Weinhandel und Weinkultur haben Trier geprägt.

Der seit 1936 amtliche Bindestrich-Begriff Mosel-Saar-Ruwer kennzeichnet das viertgrößte der 13 deutschen Weinbaugebiete. Wann immer von ›Moselweinen‹ die Rede ist, sind auch die Erzeugnisse von Saar und Ruwer gemeint. Mit über 50 Prozent ist der Riesling die am häufigsten angebaute Rebsorte, gefolgt von den Rieslingkreuzungen Müller-Thurgau und Kerner. Eine Besonderheit ist der temperamentvolle Elbling, den schon die alten Römer zu schätzen wußten.

Viele Winzer entlang von Mosel, Saar und Ruwer bieten Weinproben an – damit man die guten Tropfen nach Hause mitnimmt.

Ein Teil der Produktion wird zu Sekt verarbeitet. In den letzten Jahren gewinnen die sogenannten Winzersekte mehr und mehr Freunde. Und geradezu eine Modeerscheinung ist der Weinbergpfirsichlikör, aufgegossen mit Winzersekt. Bis vor kurzem noch hat man den roten Weinbergpfirsich als störendes ›Unkraut‹ aus den Weinbergen einfach herausgehauen, bis er in unseren Tagen wiederentdeckt wurde und man Tausende von Bäumchen neu gepflanzt hat. Rotweine spielen an Mosel, Saar und Ruwer keine Rolle.

Das unterirdische Reich der Kellermeister sollte man sich nicht entgehen lassen, und der Besuch eines Weinfestes oder einer Weinprobe ist für Fremde wie Einheimische fast ein Muß.

Ob schon die Römer – mehr oder minder weinselig – an der Porta Nigra Musik hörten? Heute gibt es hier ›Jazz im Brunnenhof‹.

Immer Trubel an der Porta Nigra: Hier beginnt die Fußgängerzone, liegt die Tourist-Information, starten alle Stadtführungen.

Tor zu 2000 Jahren Geschichte: Porta Nigra

Höhepunkt der antiken Bauten von Trier ist die Porta Nigra, das Nordtor der römischen Stadtbefestigung. Auch wenn die Moselstadt bis zum Mittelalter nur noch halb so viele Einwohner hatte: Das Römertor markierte auch dann, längst zur Kirche umgebaut, Triers nördlichen Zugang. Heute ist die Porta Nigra Auftakt zu 2000 Jahren Stadtgeschichte, erklärt im benachbarten Städtischen Museum, erlebbar in der geschäftigen Simeonstraße.

△ Die Porta Nigra ist Ausgangspunkt des Rosenmontagszugs und Kulisse für eine Kaffeepause im Sommer ▽

△ Im 11. Jahrhundert wurde die Porta Nigra Teil einer Kirchenburg (hier um 1840)

△ Imposant grüßt die Porta Nigra mit den vorspringenden Türmen der sogenannten Feldseite, wenn man sich dem Stadtkern nähert

△ Tietz-Plastiken und Taken, Ofenplatten, im Städtischen Museum   Nach dem Museumsbesuch wartet das Café ›Brunnenhof‹ ▽

Noch heute verschlägt uns der Anblick der 30 Meter hohen Porta Nigra den Atem. Um wieviel imposanter muß sie in der wolkenkratzerlosen Zeit unserer germanischen Ahnen gewirkt haben, die bis dato einzig Holz, Stroh und Lehm als Baumaterial kannten und folglich ebenerdig bauten? Aus Quadersteinen ohne Mörtel wurde das Monument präzise wie kaum ein zweites Gebäude im römischen Germanien errichtet und trutzte so dem Wetter und den Feinden. Die hatten es besonders schwer. Denn selbst wenn sie ins Tor eingedrungen waren, saßen sie in der Falle und konnten von der Galerie mühelos bekämpft werden. Der zwingerartige Hof war nach außen hin mit einem Fallgitter zu verschließen – die Laufschienen sind bis heute zu erkennen –, zur Stadt mit einem Holztor.

Die ›Rommerombomm‹

▬ Den schönsten Namen für die Porta fand ein Müllerssohn aus dem Dhrontal bei Trittenheim. Er nannte sie ›Rommerombomm‹, weil sie ihn an ein böses Tier erinnerte. Als er es später zum Schriftsteller gebracht hatte, nannte er sie Bauch der Jahrhunderte – die Rede ist von Stefan Andres (1906–1970). Trotz ihrer imponierenden Erscheinung: Die Porta Nigra wurde nie fertiggestellt. Vermutlich verhinderte ein gallischer Aufstand um 200 n. Chr. den Abschluß der Bauarbeiten. Dennoch erfüllte das Stadttor bis zum Abzug der Römer seine Funktion als Wehr- und Repräsentationsbau. Daneben gab es noch drei weitere ähnliche Torburgen und wohl 47 Türme in der fast sechseinhalb Kilometer langen römischen Stadtmauer.

Erst Stadttor, dann Kirche

▬ Nach dem Abzug der Römer verfiel die Porta Nigra und hätte sicher auch das Schicksal anderer Stadttore als Steinbruch geteilt, wäre da nicht der fromme Einsiedler Simeon gewesen, ein Grieche aus Syrakus. Geachtet und bald als Heiliger verehrt, lebte er sieben Jahre lang in den Ruinen. Kurz nach seinem Tod errichtete man über seiner Zelle eine Kirche, das heißt, man baute sie in das ehemalige Stadttor.

△ Heute Fußgängerzone ist die Simeonstraße: Dreikönigenhaus ... △ ... und das barocke Haus Hermes (links), einst Patrizierpalais, jetzt Teil eines Warenhauses

Fachwerkhäuser am Gang zum Judenviertel, ... ▽   ... zu dem auch dieser originelle Aushänger unübersehbar den Weg weist ▽

Fenster zwischen Sinnspruch und Schrötermaul an der Alten Schmiede ▽

Dabei wurde der westliche Torturm aufgestockt und zum Glockenturm umfunktioniert; bald schloß sich ein Kanonikerstift an, das Simeonstift. Die christliche Kirche in der einst heidnischen Porta Nigra wurde durch die Jahrhunderte immer wieder umgebaut und modernisiert, bis Napoleon dem ein Ende setzte: Das Römertor sollte von allem ›Entstellenden‹, das heißt von allen nichtrömischen Einbauten, befreit werden. Doch folgte man der napoleonischen Ordre nur halbherzig, so daß ein Konglomerat verschiedener Epochen erhalten ist – besonders schön im Inneren zu erkennen.

Aus einem Medaillon in feinstem Rokokostuck grüßt uns der heilige Ambrosius, einer der vier Kirchenväter. Er wurde wohl um das Jahr 339 in Trier geboren, machte jedoch in Italien als Jurist und später als Bischof von Mailand Karriere. Sein Attribut ist der Bienenkorb. Als Säugling (im heimischen Trier?) sollen ihn Bienen mit Honig beträufelt haben, was ihm die von seinen Zeitgenossen vielgerühmte ›honigsüße Sprache‹ seiner Predigten einbrachte.

Café-Restaurant ›Brunnenhof‹
Zu Füßen der Porta Nigra, im Brunnenhof, läßt es sich heute zwischen weinumrankten Mauern und Arkaden stimmungsvoll Kaffee trinken. Fröhlich barock schaut der steinerne Gärtner unter seinem breitkrempigen Sonnenhut zu. Es ist schwer, in ihm eine Christusfigur zu entdecken, doch tatsächlich handelt es sich um die Erscheinung am Ostermorgen, als Maria Magdalena den Auferstandenen zunächst für einen Gärtner hielt und er ihr entgegnete: ›Noli me tangere – rühr mich nicht an!‹ Die Gartenfigur wurde im 18. Jahrhundert für das Kloster St. Maximin geschaffen.

Lohnend: Städtisches Museum
Gut gestärkt geht es vom Brunnenhof die Stufen hinauf zum Städtischen Museum. Viele ›alte Bekannte‹ aus der ganzen Stadt sind hier im Original versammelt: das Marktkreuz, die Steipenheiligen, Figuren vom Marktbrunnen oder aus dem Palastgarten.

Kunst, Kultur und Geschichte der Stadt aufs schönste zusammenge-

△ In der Sektkellerei Bernard-Massard in der Stockstraße wird fabriziert, ... was in den Altstadtlokalen – zum Beispiel in der Glockenstraße – getrunken wird ▽

△ *Eine Entdeckung in der Stockstraße ist dieser schmucke, ›weinselige‹ Torbogen aus der Gründerzeit*

△ *Gute Stimmung im Lokal ›Krim‹ in der Glockenstraße*   *Zeuge aus dem Mittelalter: der Frankenturm* ▽

stellt, da darf einer der bekanntesten Trierer Künstler nicht fehlen: Johann Anton Ramboux. 1790 wurde er am Hauptmarkt geboren. Von ihm stammen nicht nur anmutige Porträts und viele Zeichnungen aus Italien, ihm verdanken wir auch herrliche Landschaftsbilder aus dem lieblichen Moseltal.

Wohnen im Turm

Um 400 war die römische Armee abgezogen, und die Römermauern bröckelten. Die Stadt wurde ein leichtes Opfer für Feinde. Bis zur endgültigen Fertigstellung der mittelalterlichen Stadtmauer 1248 mußte sich jeder Einwohner selbst, so gut es ging, gegen Eindringlinge wehren. Wohlhabende Bürger bezogen vor allem befestigte Wohntürme. Einer ist heute noch im Stadtbild unübersehbar: der romanische Frankenturm, benannt nach seinem Erbauer, einem gewissen Francko.

Doch auch hinter manch anderer Fassade verstecken sich wehrhafte Mauern, etwa im Dreikönigenhaus. Der Eingang wurde in den ersten Stock verlegt. Etwa sechs Meter über der Straße fand man nur über eine Holztreppe mit Zugbrücke Zutritt. Das heutige Café ›Bley‹ ist jedoch mühelos zu ebener Erde erreichbar. Seinen Namen verdankt das Haus einem Gasthof, dessen Werbeschild die Heiligen Drei Könige zeigte.

Abgesperrtes Judenviertel

Ein reich verziertes Fachwerkhaus-Ensemble am Übergang von der Simeonstraße zum Hauptmarkt markiert den Durchgang zum Judenviertel. Noch heute ist in den Bogenlaibungen die Verankerung jener Kette zu erkennen, mit der die Judengasse abgeriegelt werden konnte. Seit dem 11. Jahrhundert lassen sich die Juden hier nachweisen. 1418, nach ihrer Vertreibung, wurden die Synagoge, die Schule und andere jüdische Einrichtungen zunächst enteignet, später abgerissen. Eine einzige alte Häuserzeile blieb stehen: heute Domizil verschiedener Lokale. Der alte, hoch ummauerte Judenfriedhof lag außerhalb der mittelalterlichen Stadt in der Weidegasse. Er ist bis heute erhalten und kann nach Anmeldung bei der jüdischen Gemeinde besichtigt werden.

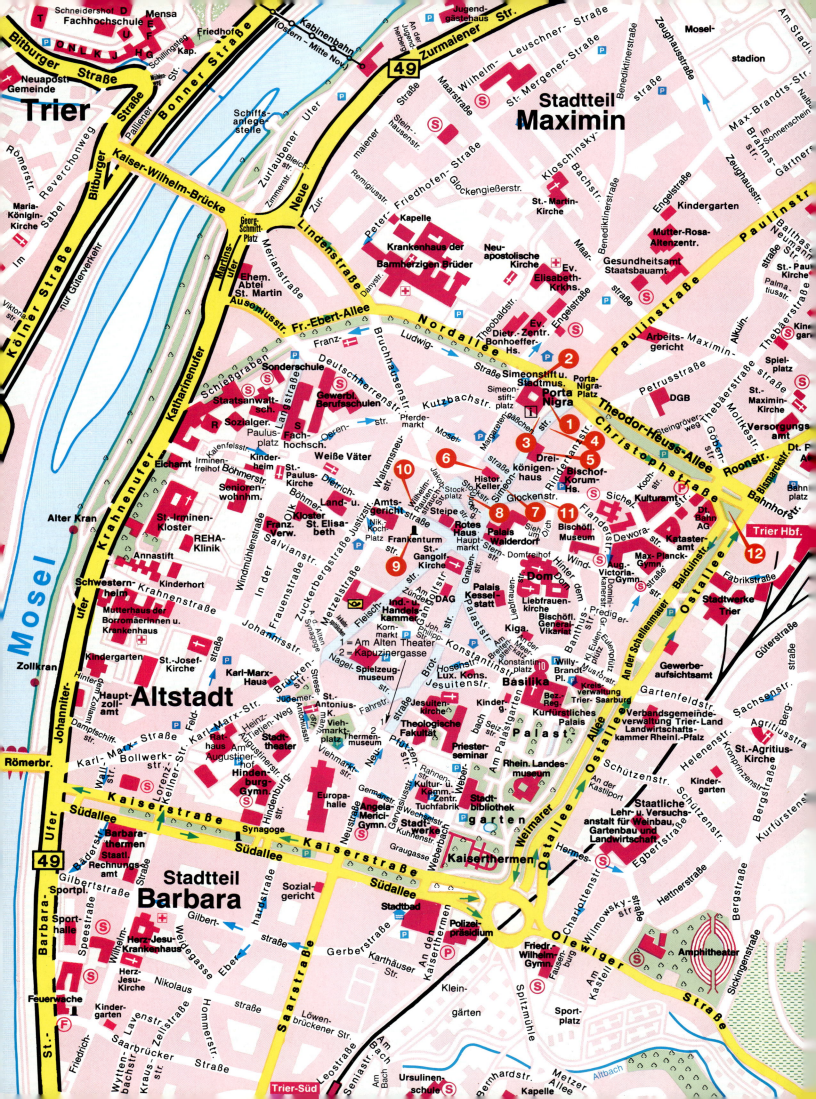

Wo gibt es was?

Nadelnummer = Textnummer

Porta Nigra ①

Wahrzeichen der Stadt und meistbesuchter Römerbau in Trier ist das monumentale römische Stadttor (Ende 2. Jh.).
Antikes Stadttor: Die Porta Nigra gilt als besterhaltenes antikes Baudenkmal nördlich der Alpen und als größtes bis heute erhaltenes römisches Stadttor. Das Doppeltor ist aus ursprünglich hellen Sandsteinquadern errichtet, ohne Mörtel geschichtet, nur durch Eisenklammern miteinander verbunden. Der Name Porta Nigra = schwarzes Tor stammt aus dem Mittelalter, als der Stein sich verfärbt hatte. Die flankierenden Türme waren ursprünglich gleich hoch; in der Mitte ein offener Hof, der Zwinger. Die Anlage ist aus einem Guß, streng symmetrisch gegliedert mit einer Fassade aus Rundbögen und Dreiviertelsäulen. Hinter den Fenstern Wehrgänge. Die äußeren Tore waren durch Fallgitter zu verschließen, zur Stadt mit Holztoren. Die Porta Nigra war nicht nur Wehranlage, sondern auch Repräsentationsbau. Sie wurde jedoch nie ganz vollendet.
Kirche: Zu Beginn des 11. Jh. lebte in der Porta Nigra der Einsiedler Simeon. Bischof Poppo ließ das Tor nach dem Tod Simeons (1034) in eine Doppelkirche (Stifts- und Pfarrkirche) umwandeln (siehe auch Simeonstift). Das Erdgeschoß wurde zugeschüttet; die Kirche begann im ersten Stock (Weihe 1042). Der romanische Chor entstand 1160. Er gilt mit seiner reich verzierten Zwerggalerie und der Lisenengliederung als ein Hauptwerk der Kunstgeschichte aus der Mitte des 12. Jh. Der Chor wurde über der Zelle des hl. Simeon errichtet. An den Chor schloß sich das mittelalterliche Stadttor gegen Osten an. Über dem römischen Westturm wurde der Glockenturm errichtet. Die spätere Rokoko-Ausstattung (um 1750) der Kirche ist heute noch teilweise im Innern zu erkennen. Seit Beginn des 19. Jh. Ruine (Innenbesichtigung Jan.–So vor Ostern, Okt., Nov. tgl. 9–17, Karwoche–Sept. tgl. 9–18, Dez. 10–16 Uhr).

Simeonstift/Stadtmuseum ②

Simeonstift: Direkt neben der Porta Nigra erbaute Erzbischof Poppo (nach 1034) zu Ehren Simeons ein Stiftsgebäude mit Kreuzgang. Der Stiftshof zählt zu den wichtigsten Resten deutscher Klosterarchitektur des frühen Mittelalters und ist gleichzeitig eine Einmaligkeit: Der Kreuzgang befindet sich nicht, wie allgemein üblich, im Erdgeschoß, sondern analog zu der Kirche in der Porta Nigra im ersten Stock. Die in römischer Manier errichteten Pfeilerarkaden sind die Unterbauten für den Kreuzgang, der ursprünglich alle vier Seiten des Hofs umgab. Im Zuge der Säkularisation (1802) wurde auch das Simeonstift aufgehoben und an Privatleute ver-

Maßstab 1:8.500

steigert; 1917 konnte die Stadt das Gelände erwerben.
Brunnenhof mit Café-Restaurant: Im Nordflügel war einst das Dormitorium (Schlafsaal) untergebracht. Dieses Gebäude wurde, nachdem es gut 100 Jahre für Wohnungen genutzt worden war, 1936/38 im ursprünglichen Zustand wiederhergestellt und gleichzeitig der Westflügel neu errichtet. Im Erdgeschoß des Nordflügels ist ein geschmackvoll eingerichtetes Restaurant entstanden; im Sommer auch im Brunnenhof. Dort Rokoko-Gartenfiguren aus dem Kloster St. Maximin von Johann Neudecker d.J. (um 1720). Das kleine Reiterstandbild aus Bronze (1984) ist ein Geschenk der niederländischen Partnerstadt s'-Hertogenbosch zur 2000-Jahr-Feier. An der südlichen Außenwand: Portal (1749) mit Relieffigur des hl. Simeon.
Städtisches Museum: Das Simeonstift beherbergt heute die Tourist-Information und das Städtische Museum. Den Grundstock bilden bedeutende Schenkungen Trierer Bürger. Sammlungsschwerpunkt war zunächst die Trierer Kunst nach 1800 mit zahlreichen Werken des Trierer Malers Johann Anton Ramboux (1790–1866). Später kamen vor allem Originale Trierer Plastik dazu, die vor Ort durch Kopien ersetzt wurden. Zudem Kunsthandwerk, Schmuck, Porzellan und anderes zur Stadtgeschichte (Ostern–Ende Okt. tgl. 9–17, sonst di–fr 9–17, sa/so/fei 9–15 Uhr).
Eine **Glasbläserei**, Simeonstiftsplatz 2, ist letzter Rest des vielgerühmten Kunsthandwerkerhofs am Simeonstiftsplatz. Heute wird das Kunsthandwerk auf dem Kunsthandwerkermarkt an der Porta Nigra (Frühling) und dem Weihnachtsmarkt verkauft.

Simeonstraße ③ – ⑦

Schon in römischer Zeit verlief hier die Nord-Süd-Achse der Stadt; die Simeonstraße ist ein Teil davon: von der Porta Nigra bis zum Hauptmarkt. Seit dem Mittelalter wichtiger Handelsplatz, ist sie gesäumt von zahlreichen historischen Bauten aus verschiedenen Epochen: Nahe der Porta Nigra am Bistro ›Sim‹ (Nr. 59) ③, einem ehemaligen Stiftsherrenhof (1781) mit heute profanierter Nikolauskapelle, steht ein schwungvoller hl. Nikolaus aus der Rokokozeit. Die sogenannte **Alte Schmiede** (Nr. 7) ④ gegenüber, ein Renaissancebau (um 1540), zieren Sinnsprüche (Sentenzen Senecas) zwischen Profilköpfen auf den Fensterstürzen und Schrötermaul. Daneben (Nr. 8) wohnte **Karl Marx** mit seinen Eltern von 1819 bis 1835 (Gedenktafel).
Eines der schönsten mittelalterlichen Häuser ist das **Dreikönigenhaus** (Nr. 19) ⑤, ursprünglich ›Haus zum Säulchen‹ (um 1230), mit seiner mächtigen palastartigen Straßenfront. Es entstand aus einem romanischen Wohnturm. An der Fassade

stilistischer Übergang zur Gotik (1993 restauriert). Gegenüber (Nr. 54) klassizistische Fassade (Anf. 19. Jh.). **Haus Hermes** (Nr. 51), um 1780 als Palais der Patrizierfamilie Hermes errichtet (durch Erbschaft an Familie Nell), ist ein Barockbau mit frühklassizistischen Formen im Fassadenschmuck. Fassade 1962 versetzt und in Kaufhofkomplex integriert. Unter Karstadt **Historischer Keller** (12. Jh.) ⑥, heute Gaststätte.
Beim **Barockbau** (um 1740, Nr. 45) ⑦ erinnert das Säulenportal mit schwerer steinerner Balkonbrüstung an Christian Kretschmar (vgl. Mettlach, Abteigebäude).

Judenviertel ⑧

Das reichverzierte Fachwerkhaus-Ensemble (1602/05), Simeonstr. 31 und Hauptmarkt 22/23, bildet den Durchgang zur Judengasse. Schönes **Renaissance-Pilasterportal** (1602) bereits in der Judengasse. Alte Häuserzeile in der Judengasse mit verschiedenen Lokalen. Judengasse 1 und 2 **Gruppe aus zwei Giebelhäusern** (14./15. Jh.). Am **Stockplatz 2** entstand ein palastartiger Bau (um 1720) mit seitlich angeordneter Toreinfahrt mit Fassadendekoration von Joseph Walter. In der **Stockstraße** gründerzeitliche Häuser.

Frankenturm ⑨ – ⑩

Der **Frankenturm** (um 1100) ⑨, Dietrichstr. 5, ist Triers letzter erhaltener romanischer Wohnturm. Neben dem barocken **Palais Warsberger Hof** ⑩, Dietrichstr. 42, heute Jugendhotel, logierte im **Pfarrhaus**, Dietrichstr. 41, 1792 Johann Wolfgang von Goethe.

Glockenstraße ⑪

Schöne Häuser weisen Seitenstraßen der Simeonstraße auf, etwa die Glockenstraße mit dem **Fachwerkhaus zur Glocke** (1490), ehemals Zunfthaus der Glockengießer. Stuckrelief (1559) an der Fassade. Daneben auch das **Studentenlokal ›Krim‹** mit spanischen Spezialitäten.
Gegenüber Fachwerkhaus **Gasthaus zur Glocke**, Traditionsgaststätte in ehemaliger Domkurie (1567).

Balduinbrunnen ⑫

Dem Bahnhof gegenüber steht der neuromanische **Balduinbrunnen**. Auf der Spitze des reich gegliederten Brunnenstocks steht die überlebensgroße Bronzestatue des Erzbischofs Balduin von Trier (1307–1354). Die Statue schuf 1897 der Münchner Ferdinand von Miller.
In der westlichen **Theodor-Heuss-Allee**, der nördlichen **Paulin-** und **Petrusstraße** stehen zahlreiche interessante Häuser der Gründerzeit.

29

Vier Heiligenfiguren beschützen die Steipe, das mittelalterliche Festhaus der Trierer Bürger am Hauptmarkt.

Alle Wege führen zum Hauptmarkt

Der Trierer Hauptmarkt kann mit Recht zu den schönsten Plätzen in Deutschland gezählt werden. Sternförmig führen von hier die Wege der Fußgängerzone durch die Altstadt – zum Korn- und Viehmarkt, zum ehemaligen Jesuitenkolleg, zur Stadtbibliothek, zum neuen Thermenmuseum. Dann landet man wieder am Hauptmarkt – um sich bei einem Gläschen am Weinstand oder in der Steipe zu stärken.

△ Täglicher Einkauf auf dem Hauptmarkt zwischen Brunnen und Marktkreuz, zu Füßen von St. Gangolf und der Steipe (rechts) Auf dem Marktbrunnen steht der Stadtpatron St. Petrus ▽

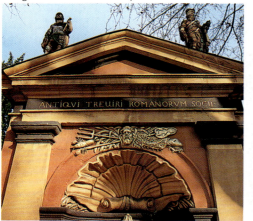

△ Trebeta und Romulus krönen den Trebetabrunnen

△ Die Riesen der Steipe haben das Marktkreuz fest im Blick ▽

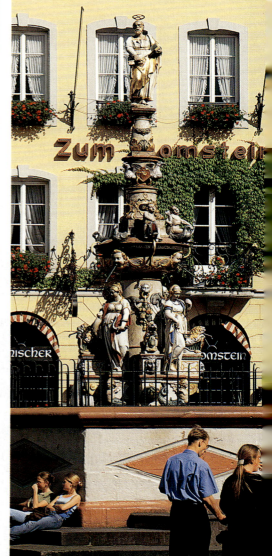

Gut schlendert es sich die Simeonstraße hinunter zum Hauptmarkt

Die Frage, in welche Richtung der Blick am schönsten ist, läßt sich auf dem Hauptmarkt schwer entscheiden. Am beeindruckendsten ist vielleicht das Ensemble im Westen: die gotische Steipe, das ehemalige Fest- und Trinkhaus der Trierer Bürgerschaft, mit dem Roten Haus, das seinem Namen bis heute – besser wieder – alle Ehre macht. Denn nach den Zerstörungen im Zweiten Weltkrieg entschloß man sich, diese für das Stadtbild so wichtigen Gebäude nach alten Vorlagen neu zu errichten.

Legendäre Gründung Trebetas

Hätten die Stadtväter seinerzeit anders entschieden, wäre ein Zeugnis Trierer Selbstbewußtseins verloren gegangen. So aber kündet noch heute stolz – wenngleich nicht zutreffend – die lateinische Inschrift in goldenen Lettern am Roten Haus: ›Vor Rom stand Trier eintausend und dreihundert Jahre. Möge es weiter bestehen und sich eines ewigen Friedens erfreuen. Amen.‹

Viele Jahrhunderte hielt sich hartnäckig die Sage vom Königssohn Trebeta, der vor seiner Stiefmutter, der berühmten Semiramis, an die Mosel geflüchtet sei, um hier die Stadt lange vor Rom zu gründen. Deswegen schaut Trebeta auch etwas hochmütig vom nahen Trebetabrunnen, Romulus, dem legendären Mitbegründer von Rom, nur die kalte Schulter zeigend. Auch wenn bereits vor denRömern hier am Moselübergang Menschen gesiedelt haben – ein Trebeta war wohl nicht dabei.

Bürgertum kontra Klerus

Keineswegs kritiklos unterwarfen sich die Trierer der späteren jahrhundertelangen Bischofsregierung. Irgendwann hatten die Städter es satt, daß sie immer von den wuchtigen Türmen des bischöflichen Doms überragt wurden, und ließen um das Jahr 1500 den Turm ihrer Markt- und Stadtpfarrkirche St. Gangolf um zwei Stockwerke erhöhen. Die Triererin Adele von Besselich übernahm die Kosten. Mit 62 Metern war der Turm von St. Gangolf nun der höchste der Stadt; der Türmer konnte von der Turmstube über

△ St. Georgsbrunnen am Kornmarkt   Kreuzgewölbe mit Blumenmalerei in der früheren Jesuitenkirche ▽

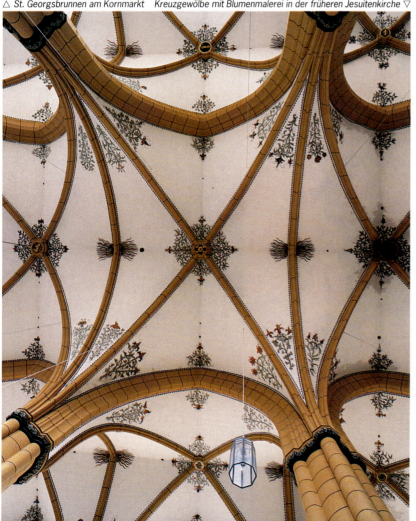

△ Einstiges Jesuitenkolleg mit Kirche   Glasfenster (um 1500) in der Stadtbibliothek ▽

das Wohl der Stadt wachen und dort im Bedarfsfall die ›Zündel‹ läuten. Erzbischof Richard von Greiffenklau antwortete um 1515 mit der Aufstockung des Südturms des Doms – zu mehr reichte das Geld nicht. Und den Vorsprung einer Uhr am Turm von St. Gangolf konnte erst Jahre nach dem Tod des Erzbischofs der Einbau der Domuhr wettmachen. Danach gingen beide Uhren lange Zeit verschieden.

Überall grüßt Petrus

Doch allen Gegensätzen zum Trotz: Der heilige Petrus ist der Patron von Dom und Stadt. Er grüßt ehrwürdig von zahlreichen Fassaden, zeigt seinen Schlüssel auf jedem städtischen Kanaldeckel, und zu Peter und Paul drücken ihm die Trierer bis heute auf dem Marktbrunnen einen Blumenstrauß in die Hand. Umringt ist er dort von vier Schönen, Allegorien der Kardinaltugenden: Gerechtigkeit, Stärke, Weisheit, Mäßigung. Die Inschrift verrät, daß das Zusammenwirken dieser Tugenden eine gute Regierung ausmacht. In der Zeit des Brunnenbaus (1595) dürften die Trierer nicht sehr zufrieden mit ihrer Regierung gewesen sein. Erst wenige Jahre zuvor hatten sie ihre hart erkämpften Rechte gänzlich an die Kirche verloren. Erzbischof Johann von Schönenburg waltete über der Stadt, die Wirtschaftskraft wurde sichtbar geringer, eine Hungersnot machte sich breit, und die Hexenverfolgungen nahmen zu. In solchen Zeiten scheint die Ermahnung zu tugendhaftem Verhalten der kirchlichen Regierung durchaus vonnöten gewesen zu sein.

Ein Opfer des Hexenwahns

Auf der Suche nach den Ursachen für die Seuchen, Mißernten und der daraus resultierenden Hungersnot hatte man die Schuldigen bald gefunden: Hexen und ihre Hexenmeister. Anders als in den meisten Städten, wo fast ausschließlich Frauen der Hexerei beschuldigt wurden, verurteilte man in Trier zu einem Drittel Männer, darunter viele angesehene Persönlichkeiten. Der Grund liegt auf der Hand: Man konnte ihren Besitz einziehen. Der spektakulärste Prozeß galt Dietrich Flade, Doktor beider Rechte,

Der um 985 auf der Reichenau oder in Trier entstandene Codex des Bischofs Egbert zählt zu den Prunkstücken der Stadtbibliothek ▽

△ Stadtszenen: nach dem Gedränge in der Fleischstraße mit Blick auf Rotes Haus und Steipe schmeckt das Eis ▽

△ Nagelstraße: Spielzeugmuseum   Fahrstraße: Brunnen des Handwerks ▽

Karl Marx' Geburtshaus ist heute Museum zum Leben und Wirken des Philosophen und Theoretikers des Sozialismus ▽

kurfürstlicher Rat, Stadtschultheiß und seit 1585 Rektor der Universität Trier. Nachdem verschiedene Zeugen ausgesagt hatten, sie hätten ihn am Hexentanzplatz gesehen, gab es kein Entrinnen mehr: Flade endete 1589 auf dem Scheiterhaufen, und die Stadt Trier mußte für ein von Flade erhaltenes Darlehen fortan die Zinsen an die Trierer Geistlichkeit zahlen. Noch heute stehen jährlich 710 Mark ›Verpflichtungen aus dem Fladeschen Nachlaß‹ im Haushaltsplan der Stadt.

Der Reformer Friedrich Spee

Nicht nur von seiten der Bürgerschaft stieg der Unmut über die immer weiter ausufernde Hexenverfolgung; auch in der Geistlichkeit gab es entschiedene Bekämpfer des Hexenwahns, allen voran den Jesuiten Friedrich Spee (1591–1635). Er wirkte als Seelsorger und Theologieprofessor, als Kämpfer für Menschenrechte und als Pionier der deutschen Barockdichtung.

In seiner ›Trutz-Nachtigall‹ pries Spee die Wunder der Schöpfung, und zwar nicht – wie seinerzeit üblich – auf lateinisch, sondern in deutscher Sprache. Sein ›Güldenes Tugendbuch‹ war das erste für Frauen geschriebene Andachtsbuch. Von seinen Kirchenliedern ist uns unter anderem noch ›Zu Bethlehem geboren‹ in den Ohren.

Seinen Platz in der Rechtsgeschichte eroberte Spee mit der Forderung ›Im Zweifel für den Angeklagten!‹ sowie seinem Kampf gegen die Folter und Hexenprozesse. Ende des 19. Jahrhunderts wurde am früheren Jesuitenkolleg eine Gedenktafel für den ›tapferen Bekämpfer des Hexenwahns‹ angebracht, ein Jahrzehnt später ein Denkmal in der Jesuitenkirche errichtet. Durch einen wabenartig durchbrochenen Stein kann man von der Kirche aus in die darunter liegende Gruft mit Spees 1980 wiederentdecktem Grab blicken.

In den letzten Jahren tauchte sein Name immer öfter auf: 1987 gründete man die Friedrich-Spee-Gesellschaft mit dem wohl größten Projekt zur Hexenforschung, die Tourist-Information bietet spezielle Spee-Stadtführungen an und das einstige Noviziat in der Krahnenstraße 11 erhielt 1991 eine Gedenkplatte.

△ Zu St. Antonius am Viehmarktplatz ... ... gehört dieses Renaissance-Epitaph ▽

△ Wo man sich in Trier so trifft – zum Beispiel in einem der Cafés am Viehmarktplatz

△ Viehmarktplatz: Tradition hat das Korbflechten auf dem Markt, ...

... neu ist das Thermenmuseum mit dem römischen Forum ▽

Schatzkammer Stadtbibliothek

Sitz der Friedrich-Spee-Gesellschaft ist die Stadtbibliothek. Von außen sieht man es dem Gebäude aus den fünfziger Jahren nicht an: Hinter diesen noch so jungen und dennoch bereits denkmalgeschützen Mauern verbergen sich ungeahnte Schätze – von Inkunabeln aus der Zeit Gutenbergs bis zu Briefen von Goethe und Karl Marx. Zu den berühmtesten Exponaten zählen der großartig illustrierte Codex des Bischofs Egbert (um 985) und die sogenannte Ada-Handschrift (um 800) aus der Hofschule Karls des Großen. Auch Trier hatte im Mittelalter einen ›weltweit‹ guten Ruf als Schreib- und Malschule, von der ebenfalls prächtigste Arbeiten zu bewundern sind.

Grimmige Schrötermäuler

Genaues Hinsehen lohnt schon in Triers Straßen, auch mancher Blick nach oben. Nicht selten entdeckt man dabei interessanten Fassadenschmuck: witzige oder informative bildliche Erzählungen und Inschriften. So fragt der Kaufmann am Haus Neustraße 15 fassungslos ›Quo vadis? – wohin gehst du?‹, als seine Ladung über Bord purzelt. Nicht selten gab der Hausschmuck einer Straße den Namen. ›An der Meerkatz‹ lugt tatsächlich ein kleines Äffchen von der Wand. ›Sieh um Dich‹ wurde 1571, in der Hochzeit der Hexenverfolgung, an der Grenze zwischen bischöflicher und bürgerlicher Stadt in einen Türsturz gemeißelt. Heute ist es der Name eines Gäßchens am Rand der Domfreiheit. Schelmische Blicke aus kunstreichen Fratzen treffen den Besucher allerorten: in der Krahnenstraße, in der Simeonstraße, im Innenhof der Sektkellerei Bernard-Massard. Sogar an der Steipe, unter der Statue des heiligen Jakobus, streckt der ›Atlant‹ dem Betrachter die Zunge heraus. Manchmal dienten die schrecklichen Gesichter als Verladehilfsmittel: Um die zentnerschweren Fässer nicht ungebremst in den Weinkeller rollen zu lassen, hat man sie mit einem Seil gesichert, das um ein Rundholz gewickelt wurde. Zum Festhalten steckte man das Holz in ein Loch in der Hauswand, in ein ›Schrötermaul‹ (Schröter = Böttcher).

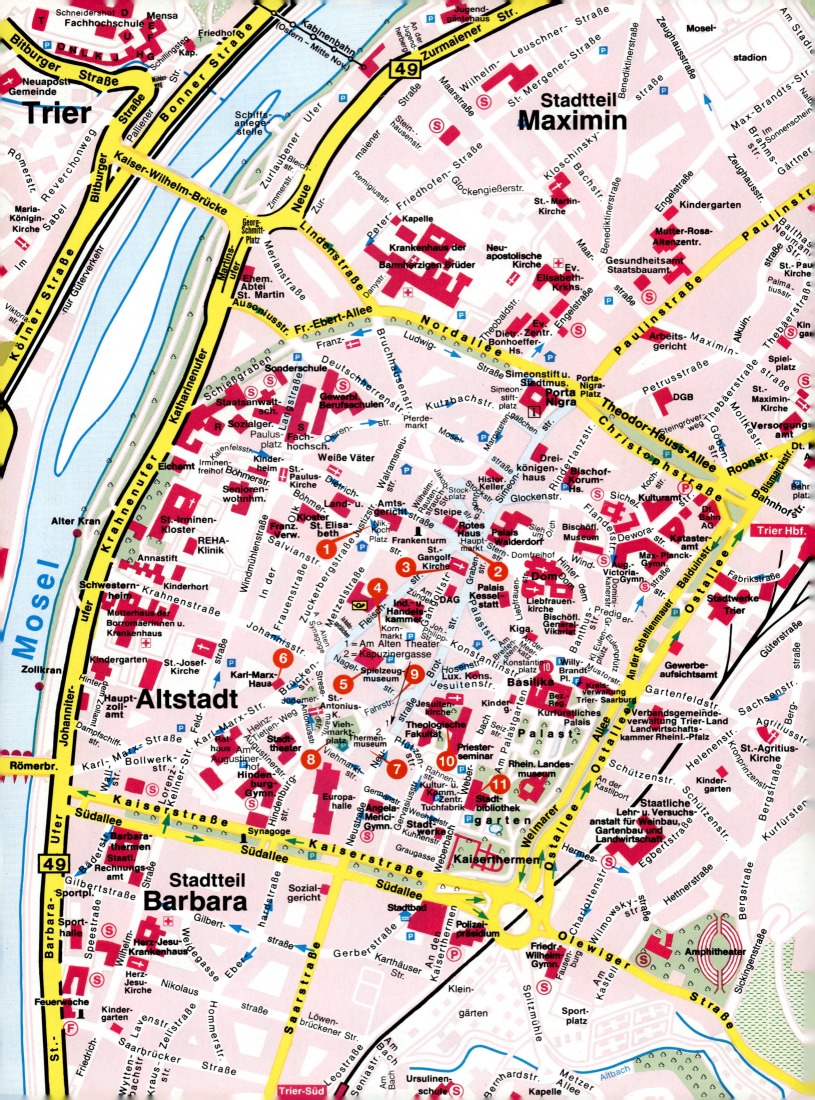

Wo gibt es was?

Nadelnummer = Textnummer

Trebetabrunnen ①

Den Trebetabrunnen (Mitte 17. Jh.) am Nikolaus-Koch-Platz, einen Wandnischenbrunnen im Renaissance-Stil, bekrönen Trebeta, der sagenhafte Begründer Triers (als Philosoph) und Romulus, der legendäre Mitbegründer Roms (als Feldherr).

Hauptmarkt ②

Der Hauptmarkt ist das Zentrum der bürgerlichen Stadt mit abwechslungsreicher, malerischer Bebauung. Dominierend im Westen ist das Ensemble mit der **Steipe**, um 1430 als Fest- und Empfangshaus der Trierer Bürgerschaft begonnen und bis ins 18. Jh. als Rathaus genutzt. Vorspringende Front im Erdgeschoß mit offenen Spitzbogenarkaden, deren Rundstützen (Steipen) dem Bau den Namen gaben. An der Fassade Figuren (um 1480; Kopien; Originale im Städtischen Museum) der Stadtpatrone Petrus, Paulus, Helena, Jakobus und die geharnischten ›Riesen‹ (von gleicher Bedeutung wie ›Rolande‹). Nach Zerstörung im Zweiten Weltkrieg wiederaufgebaut zusammen mit dem **Roten Haus** (1684) und den **Renaissance-Häusern** Hauptmarkt 15, Geburtshaus des Malers Ramboux, und Hauptmarkt 16 (1664 u. 1667) mit rollwerkverzierten Giebeln.

Vor der Steipe das **Marktkreuz**, 958 von Erzbischof Heinrich I. als Hoheitszeichen und Friedensmal errichtet (Kopie; unbemaltes Original im Städtischen Museum). Es ist das älteste der sonst vor allem aus Belgien und Frankreich bekannten mittelalterlichen Marktkreuze. Die Kreuzform (sog. Tatzenkreuz) geht auf englisch/irische Vorbilder zurück.

Den **Marktbrunnen** (1595) gegenüber schuf Hans Ruprecht Hoffmann im Stil der Renaissance nach dem Vorbild des Tugendbrunnens in Nürnberg. Um den Stadtheiligen Petrus Allegorien der vier Kardinaltugenden (Kopien; Originale im Städtischen Museum).

Die **Löwenapotheke**, Hauptmarkt 6, gilt als die älteste Apotheke Deutschlands (seit 1241). Heutiges Gebäude von 1697 (stukkierte Innenräume).

St. Gangolf ③

Durch ein reiches barockes Portal (1732) von Joseph Walter erreicht man vom Hauptmarkt aus die gotische, von Bürgerhäusern umbaute Markt- und Stadtpfarrkirche **St. Gangolf** (14./15. Jh., Westturm 1507). Innen findet man immer noch beachtenswerte Reste der einst reichen Ausstattung, darunter die Predella des Sebastiansaltars (um 1475), eines der schönsten spätgotischen Bildwerke in Stein.

An der nahen Gabelung Brot-/Palaststraße steht ein Nachbau des **Prangers** (seit 10. Jh.).

Kornmarkt ④

Die **Fleischstraße**, seit dem Mittelalter so benannt nach den Fleischbänken, führt vom Hauptmarkt zur Römerbrücke, vorbei am ehemaligen Stapelplatz, dem **Kornmarkt**. Er ist umgeben von Prachtbauten des 19. Jh., darunter dem **Postamt** (1879/1882), erbaut unter Verwendung von Architekturteilen der 1759 von Johann Seiz errichteten ›Kronenburg‹, oder das ehemalige **Casino** (1824/25), entworfen vom Trierer Stadtbaumeister Johann Georg Wolff, Mittelpunkt des gesellschaftlichen Lebens im Trier des 19. Jh.

Den **St. Georgsbrunnen** (1759, Johann Seiz) errichtete der Rat der Stadt zu Ehren von Erzbischof Franz Georg von Schönborn (1750). Die Heiligenfigur auf einem Obelisken umgeben Allegorien der vier Jahreszeiten (renoviert 1984).

Spielzeugmuseum ⑤

Aus der Trierer Privatsammlung Scheurich entstand 1989 ein öffentlich zugängliches **Spielzeugmuseum**, Nagelstr. 4–5, mit über 5000 Exponaten auf 500 qm: historisches Blechspielzeug und Modelleisenbahnen, Plüschtiere, Puppen und Puppenstuben (April–Okt. tgl. 10–17, Nov.–März di–so 12–16 Uhr). Den nahen **Heuschreckenbrunnen** (1977), Ecke Nagel-/Fleischstraße, stiftete die Karnevalsgesellschaft gleichen Namens. Dargestellt sind fünf Trierer Originale.

Karl-Marx-Haus ⑥–⑦

Im **Karl-Marx-Haus** ⑥, einem barocken Bürgerhaus (1727), Brückenstr. 10, wurde der Begründer des modernen Sozialismus am 5. Mai 1818 geboren († 1883 in London). 1947 wurde das von der Friedrich-Ebert-Stiftung betreute Karl-Marx-Museum eingerichtet. Zu sehen: Fotografien, Erstausgaben, Handschriften, Schautafeln zu Leben und Wirken von Marx und Engels (Nov.–März mo 15–18, di–so 10–13 u. 15–18, April–Okt. mo 13–18, di–so 10–18 Uhr); angeschlossenes Studienzentrum, Eingang Johannisstr. 28 (mo–fr 10–13 u. 14–17 Uhr; Tel. 43014). Bereits nach wenigen Monaten zog Familie Marx in die Simeonstr. 8 um. In der **Neustr. 83** ⑦ erinnert am Elternhaus von Jenny von Westphalen (1814–1881) eine moderne Bronzeplatte an die Frau von Karl Marx.

Viehmarktplatz ⑧–⑨

Der **Viehmarktplatz** ⑧, als solcher erstmals 1492 erwähnt, ist heute Wochenmarkt (di u. fr). Er liegt an der Stelle des römischen Forums. Jüngste Grabungen brachten sensationelle Funde: Teile eines weitläufigen Systems öffentlicher Gebäude, errichtet um 70 n. Chr. Seit 1999 beherbergt sie das **Thermenmuseum**, Schutzbau von Oswald M. Ungers. Durch die großen Glaswände sind die Ausgrabungen auch von außen zu sehen (di–fr 9.30–17, sa/so/fei 10.30–17 Uhr). Seit 1976/77 befindet sich am Südrand des Viehmarktes die **Europahalle** als Veranstaltungszentrum der Stadt. Unweit das **Stadttheater** im einstigen Augustinerhof (1962/63) und das **Rathaus** in den Räumen des ehemaligen Augustiner-Eremitenklosters. Älteste Teile der **Antoniuskirche** von 1477; spätgotisches Hauptschiff mit reichem Netzgewölbe (Anf. 16. Jh.); Reste der prächtigen Ausstattung.

Der **Brunnen des Handwerks** ⑨ (1984, Kunstschmiedemeister Klaus Apel), Fahrstraße, zeigt die verschiedenen Zunftzeichen sowie einzelne Handwerksberufe.

Jesuitenkolleg ⑩

Das ehem. Jesuitenkolleg, heute Priesterseminar und Theologische Fakultät, entstand 1570 anstelle einer Franziskaner-Niederlassung (vor 1238). Nach Aufhebung des Jesuitenordens 1773 Einzug der Universität.

Die Kirche zur Hl. Dreifaltigkeit (gotisch, Chor um 1230/40, Ende 13. Jh. erweitert zur Hallenkirche) zeigt im Kreuzgewölbe Blumenmalerei. In der Westwand reiches gotisches Portal (Anf. 15. Jh.). Vorzügliches Wappenepitaph für Herzogin Elisabeth von Luxemburg und Bayern († 1451). Glasfenster (1950) von Reinhard Hess. Unter der Kirche Gruft mit schlichtem Grab des Jesuitenpaters F. Spee (Zugang durch Innenhof, Schlüssel an der Pforte).

Die Kolleggebäude (1610–14) umschließen den Hof an der Südseite der Kirche. Der Ostflügel (1773/74, Pläne Johann Seiz) wurde für die Universität umgebaut; stuckierte Innenräume. Teile der Kolleggebäude heute Bischöfliche Weingüter.

Vor dem Jesuitenkolleg barocke Mariensäule (Kopie des Altars im Innern); barockes Tor aus dem Ayler Schloß.

Stadtbibliothek ⑪

Durch die Zusammenlegung der Jesuitenbibliothek (10 000 Bände), der alten Universitätsbibliothek und den Bibliotheken der 1802 aufgelösten Klöster entstand die Stadtbibliothek, Weberbach 25, mit rund 320 000 Bänden, 870 laufenden Zeitschriften, 4000 Handschriften (älteste von 719), 2500 Inkunabeln (15. Jh.). Wechselausstellungen (Tel. 0651/7182430). Die barocken Erd- und Himmelsgloben von Coronelli (1688/1693), Faksimiledrucke der wichtigsten Trierer Handschriften sowie die bedeutenden Glasfenster (15.–18. Jh.) im Eingangsbereich sind ganzjährig zu sehen. Seit 1894 mit dem Stadtarchiv verbunden (3500 Urkunden und über einen Kilometer Amtsbücher und Akten).

Maßstab 1:8.500

500m
400
300
200
100
0

Das barocke Palais Kesselstatt an der Domfreiheit hat für Durstige nicht nur einen Biergarten, sondern auch eine Weinstube.

Vom Dom bis zu den Kaiserthermen

Zur Zeit der Römer reichte der Palastbezirk vom Dom bis zu den Kaiserthermen mit der Basilika in ihrem Zentrum. Als Kaiser Konstantin 316 an den Bosporus zog, um Konstantinopel zur neuen Residenzstadt zu erheben, waren die Arbeiten längst noch nicht abgeschlossen. Manches verfiel, anderes wurde zweckentfremdet. Später zogen die Trierer Bischöfe ein: Ihre Bautätigkeit rund um Dom und Kurfürstlichen Palast stand der des Kaisers kaum nach.

△ Triers markanteste Akzente setzen Dom mit Liebfrauen, Basilika und St. Gangolf   Fronleichnamsprozession über die Domfreiheit ▽   Der Domstein, letzter Rest der spätantiken Kirche ▽

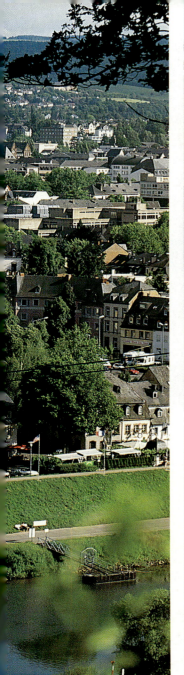
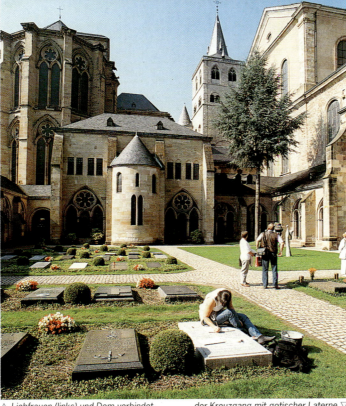

△ Liebfrauen (links) und Dom verbindet ... ... der Kreuzgang mit gotischer Laterne ▽

△ Gotischer Grabstein im Kreuzgang

Zur wirklichen Weltstadt war Trier Ende des 3. Jahrhunderts aufgestiegen, als es im Rahmen der Neuordnung des Römischen Reiches Hauptstadt des Westens geworden war und unter Kaiser Konstantin standesgemäß ausgebaut wurde. Höhepunkt war die Krönungshalle (Basilika). Noch heute ist der hochragende Ziegelbau weithin sichtbar – in starkem Kontrast zu der Rokokofassade des Kurfürstlichen Palastes direkt daneben.

Prunkstück antiker Malerei

Aus der Zeit Konstantins stammen die ältesten Teile des Trierer Doms. Etwa dreieinhalb Meter unter dem heutigen Kirchenboden wurde 1945/46 bei Grabungen eine bemalte Putzdecke aus jener Zeit gefunden. Nach langer mühevoller Puzzle-Arbeit fügten sich die rund 30 000 Bruchstücke zu einer herrlichen Kasettendecke, einem Prunkstück spätantiker Malerei. Noch immer haben die Bilder der tanzenden Eroten und der zum Teil reich geschmückten Personen eine verblüffende Leuchtkraft.
Doch wer waren die ernst blickenden Herren und die Damen mit Schmuckschatullen? Mitglieder des konstantinischen Kaiserhauses? Der Prunksaal gehörte einst zu einer prächtigen Palastanlage. Es wird angenommen, daß die Luxuswohnung für Caesar Crispus, der als Statthalter für seinen Vater Konstantin in Trier residierte, entstand. Crispus wurde jedoch wegen angeblicher ehebrecherischer Beziehungen zu seiner Stiefmutter hingerichtet, während man Fausta auf Befehl Konstantins im Bad ersticken. Um die Erinnerung an den mutmaßlich ungeratenen Sohn auszulöschen, hat man, getreu römischer Manier, seine Wohnung kurzerhand zerstört – und damit vermutlich auch die Decke.

Helena auf Schritt und Tritt

Später soll Helena, die Mutter des ›gehörnten‹ Konstantin, dem Trierer Bischof Agritius den Palast zum Bau einer Kathedrale geschenkt haben. Noch im Mittelalter nannte man den Dom ›Haus der Helena‹. Sie war eine überzeugte Christin, und der Kirchenbau galt als Sühne für die Familientragödie. Im

45

△ Frühgotisch mit barocken Altären präsentiert sich der Dom   Noch romanisch ist das Portal zur angrenzenden Liebfrauenkirche ▽

△ Dame mit Schmuckkasten aus der Decke des Konstantin

△ Besonders schön dargestellt ist die heilige Helena auf diesem gotischen Schlußstein in der Savigny-Kapelle des Trierer Doms

△ Chorgestühl mit Petrus aus dem Kapitelchor im Westen ... ... und der Hochaltar vor der Heiligrockkapelle im Osten des Doms ▽

19. Jahrhundert tat man die Geschichte als phantastisches Hirngespinst ab, doch die Grabungen von 1945 bestätigen den entsprechenden Zeitraum für die Entstehung der riesigen Doppelkirchenanlage.

Der heiligen Helena, Nebenpatronin der Stadt, begegnet der Besucher auf Schritt und Tritt: an der Helenenmauer, an Hausfassaden, in Deckengemälden, wobei eines der schönsten in St. Paulin zu finden ist. Als nahezu Achtzigjährige soll Helena nach einer Pilgerreise ins Heilige Land das Kreuz Christi im Gepäck gehabt haben, das bereits wenige Jahre danach verehrt wurde und in Splittern ›fast den ganzen Erdkreis erfüllte‹. Seither wird sie mit dem Kreuz dargestellt. Und noch zwei Souvenirs brachte sie von ihrer Reise mit: den Heiligen Rock und den Heiligen Nagel, der heute in einem prächtigen goldenen Reliquiar im Domschatz verwahrt wird.

Wallfahrt zum Heiligen Rock

Seit dem 11. Jahrhundert berühmt ist die Wallfahrt zum Heiligen Rock in Trier. Er gilt als die Tunika, die Jesus auf seinem Weg zum Kreuz getragen hat. Helena schenkte sie dem im Bau befindlichen Dom. Um 1700 wurde dem Heiligen Rock sogar eine eigene Kapelle errichtet, ein barockes Schmuckkästchen hinter dem Ostchor.

Durch die Jahrhunderte wurde der Wahrheitsgehalt dieser Legende leidenschaftlich diskutiert. Bei einer Untersuchung vor gut hundert Jahren stellten Wissenschaftler fest, daß es sich tatsächlich um eine Tunika handelt, wie sie vom 1. bis 4. Jahrhundert getragen wurde. Ob aber Christus dieses Gewand je getragen hat, läßt sich mit historischer Sicherheit nicht bestimmen.

Unberührt von solchen Diskussionen pilgern die Wallfahrer in riesigen Scharen aus aller Welt nach Trier, wenn der Heilige Rock in großen, unregelmäßigen Abständen ausgestellt wird. Über eine Million sollen es beim letzten Mal 1996 gewesen sein. Alljährlich im Mai finden zudem die Heilig-Rock-Tage statt mit zahlreichen Feiern, die jeweils immerhin von rund 3000 Menschen besucht werden – so viele Besucher faßt der Dom.

△ Gegen 1785 wurde die ›Geele Box‹ erbaut, das klassizistische Torhaus an der Nordseite vom Domfreihof

△ Veronika und Helena in barockem Gewand – entdeckt an einem modernen Haus gegenüber dem Dom   Palais Walderdorff vor der mächtigen Westfront des Doms ▽

In der Diskussion: Domfreihof

Die Pilgerscharen füllen den weitläufigen Vorplatz des Doms, den Domfreihof. Manchmal finden hier auch große Open-air-Konzerte statt mit José Carreras und Co. Ansonsten wirkt der Platz eher etwas kahl und leer.

Dieses Aussehen hat die Gemüter sehr bewegt, als es in den 1990er Jahren darum ging, den Platz neu zu gestalten. Einig war man sich zwar, daß er in Zukunft nicht mehr als Großparkplatz genutzt werden sollte. Daß man jedoch auch die Bäume entfernte, die ihn von alters her begrünten, wollten viele nicht einsehen. Noch heute schlagen die Wogen hoch, spricht man vom Domfreihof.

Gesäumt wird der Platz von einem Kranz historisch interessanter Gebäude. Dominiert wird er von der mächtigen Westfassade des Doms, mit das Erhabendste, was die abendländische Architektur Anfang des 11. Jahrhunderts hervorgebracht hat. Daneben reihen sich die Domherrenhöfe.

Palais Walderdorff ...

Dem Dom gegenüber liegt das Palais Walderdorff, ein Barockgebäude mit gründerzeitlichen Veränderungen. Einst für Graf Johann Philipp Walderdorff errichtet, wurde es von den französischen Revolutionstruppen 1794 als Sitz des Präfekten eingerichtet. 1804 logierte hier Napoleon, und kurzerhand wurde der Domfreihof in ›Place Napoléon‹ umgetauft. Dies änderte sich natürlich schlagartig, als die Preußen einzogen: Sie machten das domherrliche Palais zum Sitz ihrer Verwaltung und errichteten davor ein Denkmal für Kaiser Wilhelm I. Das Denkmal ist längst wieder verschwunden, doch spricht man gelegentlich noch von ›Alter Regierung‹.

... und Palais Kesselstatt

Heute bummeln die Touristen über den Domfreihof, werfen einen Blick auf die ›Geele Box‹, das Torhaus der Phillipskurie von 1780 mit dem Bildnismedaillon des römischen Imperators Julius Caesar, oder hinüber zum Palais Kesselstatt, das sich Karl Melchior Freiherr von Kesselstatt gegenüber dem Bischöflichen

△ Gegenüber der Liebfrauenkirche erwartet das Palais Kesselstatt ...   ... die Dombesucher in seiner Weinstube ▽

△ Einst römische Krönungshalle, heute evangelische Kirche: die Basilika, ... die die kurfürstliche Residenz deutlich überragt ▽

△ Kinder zieht es auf das ›moderne Klettergrüst‹ vor der Basilika

△ Palastgarten: Sphinx und Boules-Spieler – Frankreich ist nicht weit ▽

Palais in der Liebfrauenstraße errichten ließ. Seinem Architekten Johann Valentin Thomann gelang hier übrigens ein Meisterstück, indem er das Palais mit einem eleganten Knick der Straßenbiegung anpaßte. Heute beherbergt es ein nobles Restaurant und im Anbau eine gemütliche Weinstube. Gleich neben der Kopie des römischen Weinschiffs aus Neumagen geht's hinein.

Kaiserliche Basilika

Vom Palais Kesselstatt sind es nur wenige Schritte und schon steht man vor den Mauern der Basilika, den Resten der Krönungshalle Kaiser Konstantins. Auch wenn der goldschimmernde Mosaikschmuck längst aus dem Inneren verschwunden ist, wenn kurfürstliche Repräsentation, französisches Revolutionslazarett, preußische Kaserne und neuzeitliche Kirche ihre Spuren hinterlassen haben – der hochragende Ziegelbau ist noch immer wahrhaft imperatorisch. Kaum waren die Römer abgezogen, nutzten die Franken das stattliche Gebäude, später die Erzbischöfe. Sie bauten an, um und rissen ab. Jede Epoche ist abzulesen.

Kurfürstlicher Palast

Heute ist der Komplex von Kurfürstlichem Palast und Basilika zwar alles andere als eine stilistische Einheit, doch tut dies dem beeindruckenden Gesamtbild keinen Abbruch. Gegen Süden schreitet man zwischen schwungvollen Rokokostatuen die Freitreppe hinab in den Palastgarten, bevölkert von Göttern aus der Werkstatt des mainfränkischen Bildhauers Ferdinand Tietz, der zusammen mit dem Baumeister Johann Seiz an die Mosel gekommen war, um der Stadt samt Kurfürstlichem Palast den Stempel des Rokoko aufzudrücken. Doch für den Palastgarten können die Skulpturen nicht gefertigt worden sein. Der war damals nur geplant und entstand erst nach dem Zweiten Weltkrieg.

Rheinisches Landesmuseum

Am Rande des Palastgartens, angelehnt an die mittelalterliche Stadtmauer, steht das Rheinische Landesmuseum, eines der traditionsreichsten Museen Deutschlands. Die schönsten Stücke, die der schier un-

△ Die Kaiserthermen beeindrucken durch Größe ...   ... und variationsreiches Mauerwerk ▽   Das Leben der Römer zeigt die Igeler Säule – hier die Kopie im Rheinischen Landesmuseum ▽

Eines der vielen römischen Mosaiken im Rheinischen Landesmuseum: Ein Bär frißt vom Obstbaum ▽

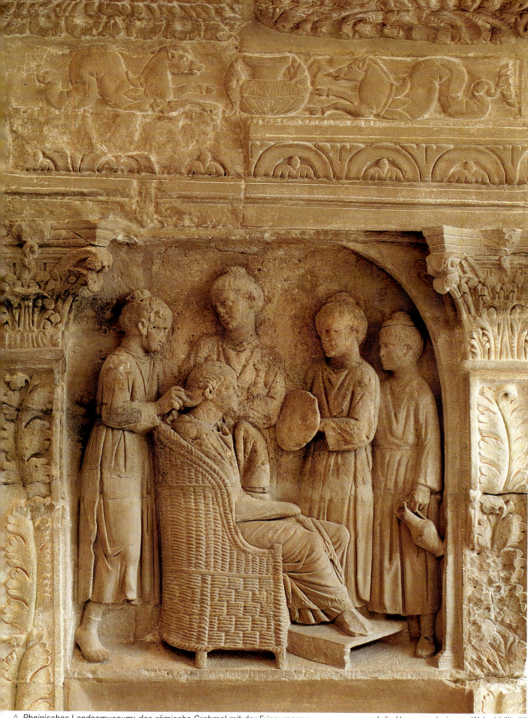

△ Rheinisches Landesmuseum: das römische Grabmal mit der Friseurszene ...   ... und die Hermengalerie aus Welschbillig ▽

erschöpfliche Boden Triers aus römischer Zeit freigab, sind hier vereint. Das 2. und 3. Jahrhundert waren geprägt von einer wohlhabenden Bevölkerung. Grabmäler sind ein Spiegel ihrer Lebensformen. Eine wahre Gräberstraße wurde im Museum errichtet mit Darstellungen des täglichen Lebens, der Sorgen und Freuden im alten Trier.

Und dann die Mosaiken: Sie zählen zu den wertvollsten Sammlungen römischer Kunst überhaupt. Zwei Drittel aller in Deutschland entdeckten Mosaiken stammen aus dem Raum Trier, etwa 180 sind von zum Teil hervorragender Qualität.

Römische Badefreuden

Südlich der römischen Staatsbauten sollte eine riesige Badelandschaft entstehen, etwas noch nie Dagewesenes, die größte Therme im ganzen Römischen Reich. Doch war das Areal längst bebaut. Kurz entschlossen riß man vier Wohnviertel nieder; der Bauplatz für die Kaiserthermen war geschaffen: 250 Meter lang, 145 Meter breit. Gerade als der Rohbau fertig war, verließ Kaiser Konstantin Trier. Was nun mit der Bauruine? Die Badeanlage fiel etwas kleiner aus als geplant – das Wasser für den antiken Badespaß kam vom Petrisberg. Der Rest wurde in Luxuswohnungen umfunktioniert.

Nach Abzug der Römer verfiel die Anlage, diente als Steinbruch. Den letzten Rest konnte man im 12. Jahrhundert für die Stadtmauer verwenden. Eines der Fenster diente nach Bodenaufschüttungen als Stadttor. Zu Beginn des 19. Jahrhunderts entfernte man die mittelalterlichen Anbauten und machte Reste der Kellergewölbe begehbar. Teile der besonders im rötlichen Abendlicht äußerst malerischen Anlage wurden erst 1983/84 wiedererrichtet. Dennoch werden die Ruinen der Kaiserthermen heute nur durch zwei Badepaläste in Rom selbst an Größe übertroffen.

Den Trierern blieb übrigens nach Schließung der römischen Anlagen nur noch der Sprung in die kühle Mosel. Erst nach dem Zweiten Weltkrieg wurden die beliebten Badeanstalten dort geschlossen. Ersatz bieten seither das Süd- und Nordfreibad oder das Hallenbad gleich gegenüber.

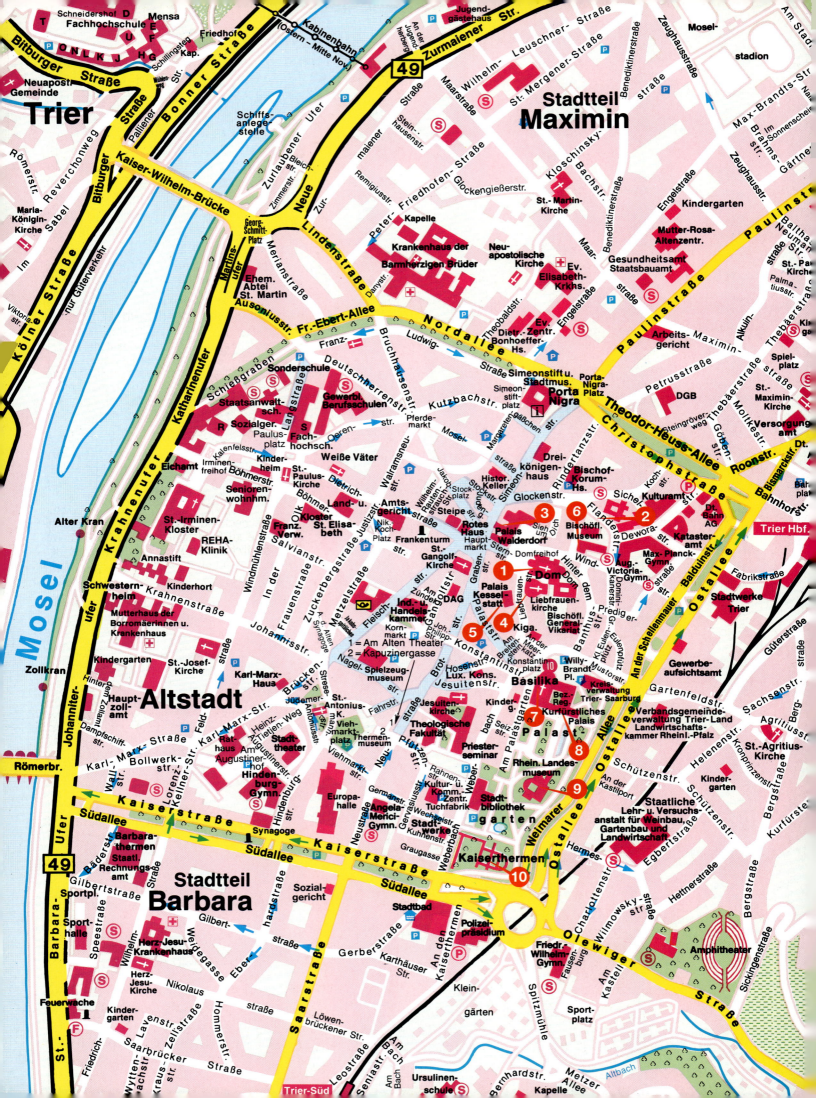

Wo gibt es was?

Nadelnummer = Textnummer

Dom St. Peter ①

An Stelle eines antiken Palastes entstand im 4. Jh. eine große Doppelkirchenlage (Markierung der Ausmaße im Pflaster). Letzter Säulenrest der antiken Anlage ist der Domstein vor dem Portal. Ältester Dom auf deutschem Boden, vielfach umgebaut und ergänzt. Der mächtige Westbau erweiterte die Kirche im 11. Jh., Ostchor 12. Jh. Hochromanische Westkrypta (1121), spätromanische Krypta unter Ostchor (1160). Nach der Überdachung (1220) wurde das Gewölbe vollendet. Kreuzgang (nach 1245), Domschatzkammer (um 1470), Turmaufstockung (1515), Stukkatur des Westchors (1668), Heiligrockkapelle (1708), Sakristei (1901). **Ausstattung:** ungewöhnlich reich und guterhalten mit Hauptwerken der Trierer Bildhauerkunst (vor allem 12./13. und 16.–18. Jh.), darunter zahlreiche stattliche Grabmonumente und Altäre. Die Kanzel (1570/1572) ist die früheste bekannte Arbeit von Hans Ruprecht Hoffmann (Sandstein, ursprünglich vergoldet und bemalt). Tympanon (1180/1200) über dem Portal zur Liebfrauenkirche bedeutendstes Werk der romanischen Bildhauerkunst in Trier. Sehenswert auch der **Kreuzgang** mit seinen Kapellen und bedeutenden Epitaphien sowie der Totenleuchte des Edmund von Malberg (†1478), ein Hauptwerk der deutschen Spätgotik von Nikolaus Gerhart van Leyden (Kopie; Original Diözesanmuseum). **Domschatzkammer:** Sakrale Kunst der Spätantike und des Mittelalters (Nov.–März mo–sa 11–16, so 13.30–16, April–Okt. mo–sa 10–17, so 13.30–17 Uhr).

Domfreiheit ②–③

Die **Domherrenhöfe** (Kurien) bilden ein eigenes Viertel rund um den Dom, die sogenannte Domfreiheit. Rest der sie einst umschließenden Mauer (um 1000) ist die **Helenenmauer** ②. Die Gründung der Domfreiheit spätestens im 11./12. Jh. wird durch romanische Reste bestätigt. Im 17./18. Jh. meist prächtiger Ausbau, etwa das **Palais Walderdorff** ③ am Übergang vom bürgerlichen Markt zum Domfreihof, dem Zentrum der Domfreiheit. Dieser weitläufige Vorplatz des Domes zählt zu den ältesten Plätzen Triers. Die Neugestaltung des Domfreihofs 1996 wurde sehr kontrovers beurteilt.

Liebfrauenkirche ④–⑤

1235 bis 1260 entstand an Stelle eines Vorläuferbaus die **Liebfrauenkirche** ④ als ältester und bedeutendster frühgotischer Zentralbau Deutschlands. Mit dem Dom durch einen Gang (Paradies) und das heute vermauerte Nordportal verbunden. Römische Architektur-Vorbilder sind erkennbar. Der rosettenförmige Grundriß weist auf Maria, die ›Rosa Mystica‹. An den zwölf deckentragenden Säulen Bilder der Apostel (Ende 15. Jh.). Reich geschmücktes Westportal. Lichter, in schönen Verhältnissen harmonisch gestalteter Innenraum. Von der einst reichen Ausstattung nur noch Reste, darunter prächtige Grabmonumente.

Das benachbarte **Bischöfliche Palais**, Liebfrauenstr. 1, ist aus zwei Kurien (18. Jh.) zusammengewachsen. Der Keller ist der Rest der romanischen Bischofspfalz. **Palais Kesselstatt** (1740/45) ⑤, schräg gegenüber, ist jetzt Restaurant/Weinstube.

Bischöfliches Museum ⑥

Das Bischöfliche Dom- und Diözesanmuseum zog 1988 in die Räume des Untersuchungsgefängnisses, Windstr. 6–8. Das Museum ist nicht nur wegen seiner herausragenden Kunstwerke von der Spätantike bis zum 20. Jh. sehenswert, sondern auch wegen seiner großartigen Präsentation in einer überraschenden Symbiose aus alter und neuer religiöser Kunst. In die Dauerausstellung werden wechselnde Sonderausstellungen integriert (mo–sa 9–17, so/fei 13–17 Uhr).

Basilika ⑦

Im Zentrum des kaiserlichen Bezirks steht die Palastaula (310), von Konstantin als Krönungshalle errichtet. Weithin sichtbarer Ziegelbau von imponierender Größe. Der einstige farbige Verputz ist nur noch in wenigen Spuren zu erahnen. Antike Innenausstattung heute verloren. Nach Abzug der Römer Sitz eines königlichen Gaugrafen, seit 1198 erzbischöfliche Residenz. 1844 auf Veranlassung des preußischen Königs als ev. Erlöserkirche (bis heute) wiedererrichtet. Nach starken Zerstörungen im Zweiten Weltkrieg wiederaufgebaut (April–Okt. di–sa 9–18, so/fei 11–18, Nov.–März di–sa 11–12 u. 15–16, so/fei 11–12 Uhr).

Bei Erdarbeiten konnten 1983/84 auch die Nebengebäude ergraben werden; heute kenntlich gemacht im Plattenbelag des weitläufigen Konstantinplatzes und durch eine Marmortafel erklärt.

Hinter der Basilika ein Brunnen mit überdimensionaler **Sonnenuhr**, anläßlich der 2000-Jahr-Feier von Karl Jacob Schwalbach geschaffen. Die 12,6 m hohe rote Granitsäule wird von den Trierern schlicht ›Wasseruhr‹ genannt. Sogenannter **Roter Turm** bis 1944 mit der Basilika verbunden, nach Zweitem Weltkrieg Neubau des Hochbauamts. Ursprünglich als Kanzlei- und Archivgebäude errichtet (1647), um 1830 wohl durch Johann Georg Wolff um ein Geschoß erhöht. Nach Zerstörungen im Zweiten Weltkrieg 1968 als Glockenturm der Basilka mit barocker Dachhaube wiederhergestellt.

Kurfürstlicher Palast ⑧

Von den mittelalterlichen Bauten des Kurfürstlichen Palastes ist nichts erhalten. 1615–1676 entstand das Schloß der Spätrenaissance, nördlich davon Marstall und Wirtschaftsflügel, wohl nach Entwürfen Georg Ridingers. Letzter Bau war der Südflügel (Mitte 18. Jh.) von Johann Seiz. Erzbischof Walderdorff holte Künstler aus Franken, allen voran Seiz und Ferdinand Tietz. 1795 durch französische Revolutionstruppen zum Lazarett umfunktioniert, dann preußische Kaserne, heute Verwaltungsgebäude. Als die Basilika ev. Kirche wurde, riß man u.a. den Westflügel ab. Daher die Asymmetrie der Fassade.

Im Südflügel ist nur Seiz' barockes Prunktreppenhaus erhalten mit virtuosen Rocaillegeländern von Tietz. Deckengemälde (1976) auf der nachträglich eingezogenen Decke (nur bei Konzerten o.ä. zugänglich). **Palastgarten:** Das Palastareal reichte einst bis zu den Kaiserthermen. Über den Zwischenbauten liegt heute der Palastgarten, als Teil des im 18. Jh. geplanten, nie ausgeführten Hofgartens. Der Garten mit Kopien der Skulpturen von Johann Neudecker d. J. und Ferdinand Tietz (Originale im Städtischen Museum) ist im wesentlichen 1980–88 entstanden. An den Palastgarten als archäologisches Terrain gedenkt die moderne Plastik ›Tongeren 2000‹ von Raf Verjans (1985). Gotische Architekturteile am **Wohnhaus Seizstr. 8/Am Palastgarten 6** erinnern an das ehemalige St. Markus-Kloster, von dem nur das schlichte Barockportal stehengeblieben ist.

Rheinisches Landesmuseum ⑨

Das Museum, Weimarer Allee 1, zeigt bemerkenswerte archäologische Zeugnisse und Kunstgewerbe des Moselraums von der Vorgeschichte bis zur frühen Neuzeit. Herausragend sind die Mosaiken und Steinsculpturen der Römerzeit, von Weltrang ist die Sammlung römischer Münzen (di–fr 9.30–17, sa/so 10.30–17 Uhr). Daneben Reste der mittelalterlichen **Stadtmauer**, zum Teil aus Römersteinen.

Kaiserthermen ⑩

Eines der größten römischen Prachtbäder (4. Jh.). Im Mittelalter (bis 1140) Sitz des Trierer Burggrafen, danach in das mittelalterliche Verteidigungssystem integriert. 1816/17 Freilegung und Abbruch der mittelalterlichen Anbauten.

Erhalten: Reste des Warmbads und des weitläufigen Kellergewölbes (rund 1,5 km, nur zum Teil begehbar) mit Brennstellen für die Beheizung (tgl. Jan.–So vor Ostern u. Okt./Nov. 9–17, Karwoche–Sept. 9–18, Dez. 10–16 Uhr; Zugang vom Palastgarten aus).

Maßstab 1:8.500

Vom Zurlaubener Ufer fährt man mit der Kabinenbahn über die Mosel zum Aussichtsrestaurant ›Weißhaus‹.

›Genußmeile‹ Zurlaubener Ufer

Aus den Fluten der Mosel holen die Trierer auch heute noch allerlei Fische – zu verzehren in den stimmungsvollen Lokalen des alten Fischerviertels Zurlauben. Neben den Fischern bauten sich auch die Schiffer stattliche Wohnhäuser, gleich hinter den Kränen, mit denen sie die auf der Mosel angelangten Waren löschten. Ebenfalls ganz nah am Ufer liegen die Barbarathermen sowie die ehemaligen Klöster St. Martin und St. Irminen.

△ Am Zurlaubener Ufer geht es nicht nur beim Moselfest hoch her, ...

Schmucke Tür eines alten Fischerhauses am Zurlaubener Ufer ▽

... das ganze Jahr sind die stimmungsvollen Lokale gut besucht ▽

△ Im Sommer zieht es die Gäste der Lokale in die Lauben, ... die sich die Fischer einst vor ihren Häusern eingerichtet hatten ▽

So bedeutend die Mosel als Hafen, als Fischgrund und die Moselbrücke als Übergang war – der Fluß hat den Trierern nicht nur Freude gebracht. Alljährlich kamen die Hochwasser, überschwemmten die Moselauen und Uferstraßen, und die Stützmauer, auf der die Fischer ihre Gartenpavillons, die namengebenden Lauben, errichteten, bot bei weitem nicht den nötigen Schutz. Die angezeichneten Pegelstände in bedrohlichen Höhen künden noch heute davon. Dies änderte sich erst nach Errichtung des Hochwasserschutzdamms um 1930. Stolz erzählen die Zurlaubener, daß dieser sogar dem Jahrhunderthochwasser von 1993 trotzte, bei dem am 23. Dezember 11,28 Meter gemessen wurden.

Moselfisch und ›Viez‹

Echte Trierer Spezialitäten kann man sich in den Lokalen am Zurlaubener Ufer schmecken lassen. Wie wär's mit gebackenem Moselfisch? Oder Moselhecht in Weißwein gedünstet? Zum Fisch trinkt der Trierer ›Viez‹, ein Relikt aus keltischer Vergangenheit. Der starke, herbe Apfelwein, ist das ›vicebonum‹, das Zweitbeste – nach dem Besten, dem Wein aus Trauben.

Wer nicht so sehr auf Fisch steht, kann es mit ›Koben‹ (= Krähen) versuchen. Keine Angst: Dabei handelt es sich um gegrillte Hähnchen. Und dann gibt es Kartoffeln, oder moselfränkisch gesagt ›Grombern‹, in Hülle und Fülle. Etwa im traditionellen Kartoffeleintopf ›Schaoles‹. Doch da ist schon wieder etwas Räucherfisch dabei.

Die Karnevalsgesellschaften

In den Zurlaubener Ufer-Kneipen haben auch einige Karnevalsgesellschaften ihr Stammquartier. In ›En de Lauben‹ kann man sogar eine kleine private Ausstellung von Karnevalsorden entdecken. Rund zehn Karnevalsgesellschaften gibt es in Trier. Die gut 150 Jahre alte ›Heuschreck KG‹ ist wohl die bekannteste. Doch auch bei den Sitzungen der anderen sprüht moselfränkischer Humor.

Höhepunkt der Karnevalssaison ist der Rosenmontagszug durch die Trierer Innenstadt von einem Ende

△ In Zurlauben tagt der Gesangverein, ... wird sich beim Moselfest heftig vergnügt ... ▽   ... und haben die Karnevalsvereine ihre Heimstatt ▽

△ Heißer Disco-Sound im ›Riverside‹, ... Live-Musik beim Moselfest im Juli ▽

der römischen Stadtmauer bis zum anderen. Am Sonntag und Dienstag ziehen nicht minder fröhlich Maskierte mit ihren Funkenmariechen durch die einzelnen Stadtteile. In Biewern kommt es am Faschingsdienstag zum ›Schärensprung‹ der ›Biewener Hoahnen‹.

Wo einst die Schiffer wohnten

Vom alten Fischerviertel moselaufwärts wohnten die Schiffer. Nahe der alten Moselkräne, am Krahnenufer und in der Krahnenstraße, findet man die letzten Zeugnisse der einst blühenden Schifferzunft. Im Wetteifer mit den Kaufleuten und Handwerkern der Innenstadt leisteten sie sich prächtige Häuser, von denen einige wenige den Zweiten Weltkrieg überdauerten.
Wegen der ständigen Hochwasser wurde Ende des 19. Jahrhunderts der Moselkai am Katharinenufer höher gelegt. Höchst begehrte Bauplätze entstanden. Die zu neuem Reichtum gelangten Trierer bauten hier um 1900 repräsentative Bürgerhäuser im Neubarock, Neoklassizismus und im Landhausstil mit lauschigen Vorgärten. Von dieser vornehmen Wohngegend konnte man wunderbar den Blick über die Mosel auf die gegenüberliegenden rot leuchtenden Sandsteinhänge schweifen lassen.
Nach dem Zweiten Weltkrieg und dem Ausbau der Allee zur vierspurigen Ringstraße war es mit der Idylle allerdings zu Ende. Vor der Kaimauer, in den Moselauen, läßt es sich jedoch noch immer gemütlich bummeln. Sogar gegen ein kleines Picknick haben die Trierer Stadtväter nichts einzuwenden.

Die Nells und ihr Ländchen

Auch in Nells Ländchen kann man die Seele baumeln lassen. Wie seinerzeit der Herr Kanonikus Nicolaus Nell. Möglicherweise hatte der Gründer dieses wunderbaren englischen Gartens nicht allzuoft Muße, sich hier zu ergehen. Die Nells hatten viel zu tun, vor allem in napoleonischer Zeit. Nicolaus selbst war nicht nur Gartenfreund: Hauptberuflich diente er dem Domkapitel als Schatzmeister.
Sein Bruder Christoph ersteigerte die säkularisierte Benediktinerabtei St. Matthias samt Ländereien und

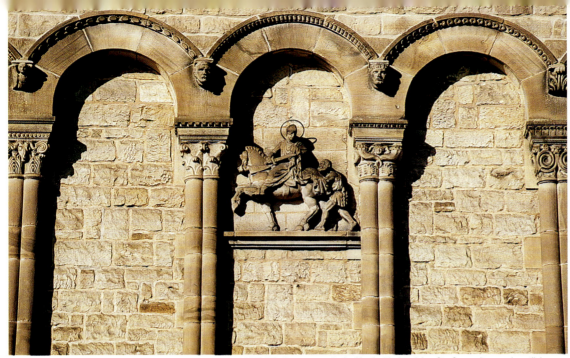
△ Als Ersatz für das abgebrochene Martinskloster entstand 1912/15 die neuromanische Martinskirche einige Straßen weiter nordwestlich

△ Spärlich sind die Relikte der Barbarathermen

△ Porzellan aus Trier kann man heute nur noch antiquarisch kaufen   Die Prachtfassade von St. Irminen ▽

gestaltete es zum landwirtschaftlichen Mustergut um. Daneben hatten die Nell-Brüder noch Zeit, sich dem Weinbau zu widmen, den dann vor allem die Nachfahren weiter ausbauten.
Heute wird vom Dominikaner-Weingut in Kasel und vom Weingut Thiergarten Nellscher Wein in alle Welt verschickt. Und wer sich nun fragt, ob der bekannte Theologe und Soziologe Oswald von Nell-Breuning etwas mit der Familie zu tun hat: Ja, er wurde 1890 in Trier geboren.

Porzellan à la Sèvres

Am Martinsufer entstand 1807, in der französischen Besatzungszeit, eine Porzellanmanufaktur, die unter dem Einfluß von Sèvres bei Paris bestechend schöne Serien, meist mit Trierer Motiven, schuf. Einzig namentlich bekannter Künstler war Johann Baptist Walrand (1799–1865). Unter den Preußen wurde die Manufaktur 1823 geschlossen. Mit dem Regierungswechsel waren 1815 die wirtschaftlichen Beziehungen zu Frankreich abgebrochen. Die Grundstoffe mußten nun viel teurer aus Bayern bezogen werden. Vor allem aber fehlte der Absatz in Frankreich, denn an den anderen Märkten war man der Konkurrenz älterer Manufakturen auf Dauer nicht gewachsen. Heute ist das dekorative Porzellan nur noch in den Schaufenstern von Antiquitätengeschäften oder Vitrinen des Städtischen Museums zu bewundern.

Auf dem Moselradweg – hier mit einem der zwei alten Trierer Moselkräne – kann man ausgedehnte Touren unternehmen ▽

Kommunikationsort Thermen

Auch wenn von den Barbarathermen am St.-Barabara-Ufer nur ein kleiner Teil ergraben wurde: Die ausgeklügelte Beheizungstechnik einer römischen Badeanlage mit ihren unterschiedlich temperierten Becken läßt sich hier besser erkennen als bei den Kaiserthermen.
Die antiken Thermen waren mehr als Bäder, eine Art Badelandschaft, in der neben Erholung, Entspannung, Körperpflege, Spiel und Sport auch leibliche Genüsse, wie Essen und Trinken, oder geistige, wie das Stöbern in der Bibliothek, nicht zu kurz kamen. Ohne Zweifel waren sie zudem wichtiger Kommunikationsort. Eine Rolle, wie sie heute etwa der Golfplatz übernommen hat.

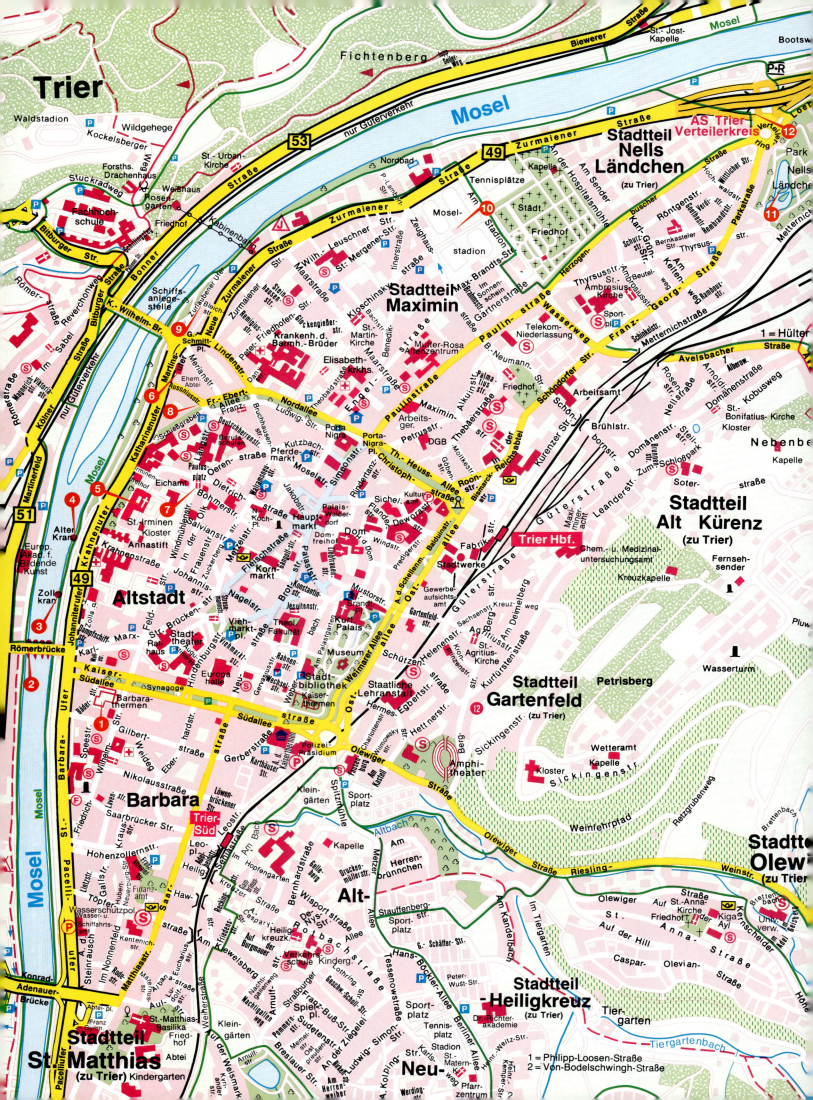

Wo gibt es was?

Nadelnummer = Textnummer

Barbarathermen ①

Die Barbarathermen (Mitte 2. Jh.) sind die älteren der beiden großen römischen Badepaläste Triers. Einst ebenso groß wie die Kaiserthermen, waren sie jedoch vollendet und bis zum Ende des 4. Jh. genutzt. Besonderheit waren zwei 23 Meter lange beheizte Hallenschwimmbecken.
Im 12. Jh. wurden sie Burg der Herren von der Brücke, daher beim Bau der Stadtmauer ausgeklammert und zum Vorort St. Barbara geschlagen, dessen Name auf die Thermen überging. 1611 von den Jesuiten erworben, nutzten diese sie als Steinbruch für den Bau ihres Kollegs. Daher sind nur noch Keller und Mauerreste erhalten.
Obwohl nur etwa ein Viertel der ursprünglich 240 x 172 m großen Anlage freigelegt ist, kann man das Fußbodenheizungssystem gut erkennen, ebenso Reste der Wandverkleidung aus farbigem Marmor.

Römerbrücke ②

Von alters her war hier der Moselübergang durch eine Furt. Eine erste Brücke wurde 45 n.Chr. wenige Meter flußabwärts erbaut. Die jetzige Brücke (2. Viertel 2. Jh.) ist, wie einst die Porta Nigra, aus Quadersteinen ohne Mörtel errichtet. Sie ist der älteste Bau seiner Art nördlich der Alpen, der bis zum heutigen Tag dem modernen Straßenverkehr standhält. Wahrscheinlich unter Kurfürst Balduin (1307–1354) wurde sie mit den gemauerten Bögen versehen. 1674 von den Franzosen gesprengt, hat sie Hofbaumeister Johann Georg Judas 1717/18 wiederhergestellt. Von den ursprünglich neun Pfeilern sind zwei unter der Uferaufschüttung verschwunden. Das Steinkruzifix (1718) stammt von Johann Matthäus Müller.
Das Moselbett unter der Brücke ist äußerst fundreich. Die Römer opferten hier den Flußgöttern – zumeist Münzen. Allein 1994 wurden bei Baggerarbeiten neben vielem anderen rund 32 000 römische Münzen geborgen. Neben der Brücke barockes **Denkmal für Kaiser Konstantin**.

Moselkräne ③–④

Trier war bereits in der Antike ein bedeutender Moselhafen. In der Nähe der Speicherhallen (siehe St. Irminen) errichteten bereits die Römer Kräne. Zwei alte Kräne, allerdings aus wesentlich späterer Zeit, haben sich am Krahnen- und Johanniterufer erhalten. Der **Zollkran** ③ wurde 1774 errichtet. Der **Alte Kran** (1413) ④ war bis 1910 in Betrieb. Das hier angewandte Laufradprinzip ist eine Erfindung der Römer. Die Mechanik ist bei beiden Kränen bis heute noch intakt.
Am Krahnenufer und in der Krahnenstraße ist noch einiges von der Pracht der ehemaligen Schifferhäuser zu sehen.

St. Irminen ⑤

Das ehemalige Benediktinerinnenkloster St. Irminen, Irminenfreihof, wurde wahrscheinlich durch König Dagobert I. († 639) als königliches Eigenkloster im Bereich der nahe dem Moselufer gelegenen römischen Getreidespeicher gegründet und nach diesen ›S. Maria ad horrea‹ (von lat. horrea = Getreidespeicher) genannt (volkstümlich: Oerenkloster). Der gebräuchlichere Name St. Irminen geht auf die hl. Irmina zurück, die hier um 700 Äbtissin war.
1802 aufgehoben, wurde es 1944 bis auf die Umfassungsmauern zerstört. Dadurch konnten die römischen Horrea (4. Jh.) ergraben werden. Die beiden riesigen, zweistöckigen Speicherhallen hatten je eine Grundfläche von 70 x 21 m. Einige Reste sind im Garten sichtbar konserviert, Mauerreste ins Klostergebäude integriert (Römersaal).
Von der romanischen Klosterkirche (11. Jh.) ist der Turm erhalten. Die barocke Kirche (1768–71) von Jean Antoine hat man wiederhergestellt. Von den Klostergebäuden (1768–71), eines der Hauptwerke des Architekten Christian Kretschmar, ist nur der Westflügel wiederaufgebaut; heute dient er als Altersheim.
Der Weinkeller von St. Irminen gilt als der älteste Deutschlands. Napoleon faßte die bis dahin über die ganze Stadt verstreuten Hospitäler, Siechen-, Waisen-, Armen- und Leprosenhäuser im Bering von St. Irminen zusammen. Seit 1804 trägt der Komplex daher den Namen ›Vereinigte Hospitien‹.

St. Martin ⑥–⑧

Die einstige **Benediktinerabtei St. Martin** ⑥ war Ende des 6. Jh. gegründet worden, anstelle einer Hl.-Kreuz-Kapelle, die ein hoher römischer Beamter in seiner Villa am Moselufer errichtet hatte. Erhalten geblieben ist allein der 1626 erbaute, 1735 erweiterte langgestreckte Westflügel der Klosterbauten. Das Gebäude im Stil der Renaissace mit volutenverzierten Giebeln dient heute Studenten als Wohnheim.
Die romanische Klosterkirche wurde 1804 abgebrochen. Quasi als Ersatz errichtete man an der Maarstraße, etwas nordwestlich, die neuromanische **St.-Martin-Kirche** (1912/15). An der Ausoniusstraße steht die Kopie einer großen dreifigurigen **Kreuzigungsgruppe** (1498), die früher in der Kirche stand (Stiftung Adelheid von Besselichs, vgl. St. Gangolf). Das Original befindet sich in der nahen neuromanischen **St.-Paulus-Kirche** ⑦.
Das ehemalige **Deutschordenshaus** ⑧, Ausoniusstr. 1, von Joseph Walter ziert ein Giebel mit schöner Wappenmalerei und reichem Portal. Der Bau von 1721 ist heute Sonderschule.

Zurlauben ⑨

Triers wohl stimmungsvollste **Speisemeile** ist das Zurlaubener Ufer, vor allem an einem lauen Sommerabend, wenn die Tische im Freien gedeckt sind. Geboten wird für jeden etwas: von der urigen Kneipe bis zum Restaurant vom Feinsten. Alljährlich im Juli findet hier das berühmte Moselfest mit Brillantfeuerwerk statt.
Über 200 Jahre alt ist die Häuserzeile am Moselufer. Hier wohnten einst die Moselfischer. Gegenüber lagen ihre Gärten und Gartenpavillons, die über der Uferwiese aus der Stützmauer vorkragten. Bis zur Errichtung des Hochwasserschutzdamms (um 1930), der die alte Stützmauer verschwinden ließ, war diese der einzige Schutz gegen die alljährlichen Hochwasser. Die Pegelstände sind noch an den Außenwänden der Lauben abzulesen. Die Lauben gaben dem Viertel den Namen. Rest der einstigen Fischer- und Schiffersiedlung ist auch der **Hafen für die Ausflugsschiffe**. Nördlich vom Schiffsanleger führt die Kabinen-Schwebebahn hinüber zum Aussichtsrestaurant ›Weißhaus‹ (siehe Seite 87).

Moselstadion ⑩

Das Moselstadion ist Heimstatt des SV Eintracht Trier 05 und faßt 18 000 Zuschauer. Umgeben ist die Sportanlage von einer Leichtathletikanlage und einer Tennisanlage mit 26 Frei- und 3 Hallenplätzen.

Nells Ländchen ⑪–⑫

Ein englische Landschaftspark mit romantischen Baumgruppen, idyllischen Wasserläufen und Teichen samt Inseln ist **Nells Ländchen** ⑪ nahe dem Verteilerkreis. Angelegt anstelle eines trockengelegten Moores um 1800 von Nicolaus Nell (1748–1807), Kanoniker und Schatzmeister im Domkapitel Trier, war der Park bereits Ende des 18. Jh. allgemein zugänglich (Gärtner Jakob Gotthard). Von der ursprünglichen Bebauung sind nur ein Pavillon, das kapellenartige neugotische Gewächshaus und eine kleine Mühle erhalten. Ein Obelisk in der Nähe von Nells Parkhotel wurde zu Ehren Nicolaus Nells von seinen Geschwistern errichtet.
Von jeher war der Park auch wirtschaftlich genutzt, mit seinen Treibhäusern und der Schafzucht. Der Rosenzüchter Peter Lambert (1859–1939) legte einen Rosengarten mit 650 verschiedenen Rosensorten an. Die Blumentage (alle 2 Jahre, nächste 2000) erinnern daran.
Am Verteilerkreis liegt auch das **Unterhaltungszentrum ›Riverside‹** ⑫, Zurmaiener Str. 173, mit Diskothek, Tanzlokal ›Hollywood‹, verschiedenen Speiselokalen und Bars sowie großem Veranstaltungsprogramm (Tel. 0651/21006).

Maßstab 1:15.000

800m
600
400
200
0

Nach der Renovierung
in strahlendem Weiß
präsentiert sich
St. Matthias mit dem
einzigen Apostelgrab
nördlich der Alpen.

International, die Treffpunkte am Cityrand

Außerhalb der Mauern ist Trier ›belagert von Abteien, Stiften und Kartausen‹, vermerkte anno 1792 Johann Wolfgang von Goethe. Das stimmt noch immer. Zum Apostelgrab in St. Matthias strömen die Pilger bis heute. Neue – profane – Treffpunkte sind seit 1998 das Congreß-Center der Europäischen Rechtsakademie und das Europa Congreßhotel. International sind auch die Besucher der Antikenfestspiele, die ebenfalls 1998 im nahen Amphitheater gestartet wurden, begleitet von Symposien der Universität Tarforst.

Rittergrab der Gotik: einer der vielen Schätze in St. Matthias ▽

△ *Die Bischöfe Eucharius, Valerius, Cyrillus am Torhaus und am Friedhofstor von St. Matthias* ▽

△ Der Freihof mit dem Pacellibrunnen vor St. Matthias, ... an der Altartreppe der romanischen Basilika das Apostelgrab ▽

Rosig waren die Zeiten für die ersten geistlichen Herren Triers nicht. Die Stadt blieb von Christenverfolgungen nicht verschont. St. Eucharius, der Gründer und erste Bischof der Trierer Kirche, nahm im Haus der Senatorenwitwe Albana Zuflucht vor den Heiden. Dort erbaute er ein kleines Johanneskirchlein, die Keimzelle des später so prächtig ausgebauten Klosters St. Matthias. In der ›cella S. Eucharii‹ wurde er beerdigt, später fand in derselben Gruft sein Nachfolger, der heilige Valerius, die letzte Ruhe. Bald siedelten hier die ersten Mönche.

Wallfahrt zum Apostelgrab

In der ersten Hälfte des 12. Jahrhunderts kam es in Trier zu einer wahren Kirchen-Neubauwelle, deren Grund nicht eigentlich bekannt ist. Der Dom wurde umgestaltet, das Simeonstift zusammen mit der Umfunktionierung der Porta Nigra neu errichtet. Auch die alte Euchariuskirche wurde abgerissen, um einem Neubau Platz zu machen. Bei den Bauarbeiten entdeckte man die Gebeine des Apostels Matthias, der Legende nach einst ebenfalls ein Geschenk der heiligen Helena. Sogleich setzte ein gewaltiger Pilgerstrom ein. Bald hatte der heilige Matthias den Gründer-Heiligen als Kirchenpatron verdrängt. Ein Trier-Aufenthalt von Papst Eugen III. 1148 bot den willkommenen Anlaß zur Weihe des Neubaus. Zwar war die Kirche noch nicht ganz vollendet, doch soll das Ereignis überwältigend gefeiert worden sein. Bis zum heutigen Tag ist der Strom der Pilger zum Apostelgrab nicht abgerissen, vor allem in den Wochen um Pfingsten.

St. Paulin und St. Maximin

Die Kirchen St. Paulin und St. Maximin, einst kaum weniger bedeutend als St. Matthias, können ebenfalls frühe Heilige aufweisen. Paulin und sein Freund Maximin kamen aus Bordeaux zum Studium nach Trier. Maximin wurde Bischof. Ihm folgte Paulin. Maximin blieb im Land und wurde bei St. Maximin bestattet. Anders Paulin. Er wurde von Kaiser Konstantin II. nach Phrygien, in eine unwirtliche Gegend im anatolischen Hochland, verbannt, weil

69

△ St. Paulin: mainfränkischer Barock außen ...

... wie innen mit den Heiligen Felix und Georg vom Altar ▽

△ Kreuzwegstationen auf dem Heiligkreuzberg

△ Romanische Heiligkreuzkapelle   Bekenntnis zum Kreuz Christi im Fresko über der Orgel von St. Paulin ▽

er sich nicht zum arianischen Glauben bekennen wollte. Dort starb er 358. Der heilige Felix, ebenfalls Bischof von Trier, ließ den einbalsamierten Leichnam in einer silberbeschlagenen Zedernholzkiste zurück an die Mosel bringen und 390 die erste Paulin-Kirche errichten.

Schefflers Barockdecke

▬ Die Geschichte Paulins und der fast hundert Jahre älteren Christenverfolgung (286) hat der Asam-Schüler Thomas Scheffler aus Bayern in der herrlichen Barockkirche farbenfroh und figurenreich auf die Decke gebannt. Über der Orgel kann man die Stadt Trier erkennen – im Zustand des 18. Jahrhunderts mit der Porta Nigra als Simeonkirche. Vor den Stadtmauern ein barbarisches Gemetzel und schließlich die Mosel, die das Blut der Märtyrer bis hinunter nach Neumagen in dramatischgrausiges Rot färbt.

Und überall das Motiv des Kreuzes. Über der Orgel ist das Kreuz Christi zu sehen, zusammen mit Helena, die ihren bereits erwachsenen Sohn Konstantin wie einen kleinen Jungen an der Hand zum Glauben führt. Über Helenas Kopf das kurtrierische Wappen: rotes Kreuz auf weißem Grund. Zentral im Deckengemälde erscheinen das Pauliner Kreuz von 1088 mit den vier dazugehörigen Gerichtssteinen, die noch vor der Kirche zu sehen sind. Der Maler selbst hat sich auf diesem Bild auch verewigt: kniend vor dem Kreuz.

Weg zur Heiligkreuzkapelle

▬ Vor dem Stadttor bei den Kaiserthermen beginnt der Kreuzweg zur Heiligkreuzkapelle: ein hübscher Spaziergang, parallel zur Bernhardstraße, vorbei an Kleingärten, unter denen noch unerforscht ein riesiger römischer Tempelbezirk ruht. Sollte einmal mehr Geld im Stadtsäckel sein, will man dort eine Halle für die Antikenfestspiele errichten. Eine Pause sollte man sich im ›Hotel Villa Hügel‹ gönnen. Der Blick von der Terrasse auf die Stadt ist unvergleichlich. Danach geht's weiter bergan zur Heiligkreuzkapelle, einem Kleinod salischer Baukunst. An den Mauern sind noch heute Römersteine zu erkennen, wenngleich etwas versteckt unter dem dicken weißen

△ ›Käfig der Freiheit‹ von Eduardo Chillida auf dem Vorplatz des modernen Komplexes der Europäischen Rechtsakademie samt Congreß-Center

△ Noch immer fließt das Wasser vom Heiligkreuzberg durch das Herrenbrünnchen   Es gibt noch viel zu tun in Trier für die Archäologen ▽

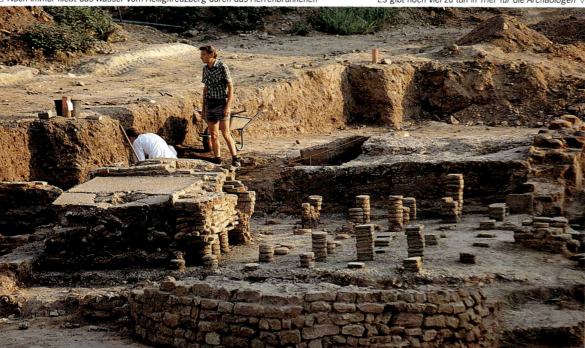

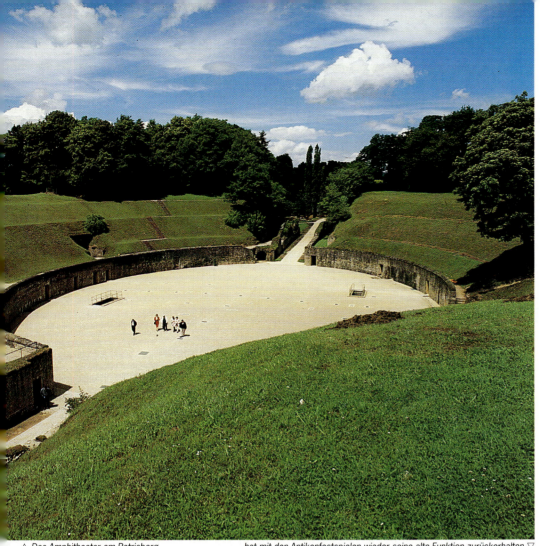

△ Das Amphitheater am Petrisberg ...   ... hat mit den Antikenfestspielen wieder seine alte Funktion zurückerhalten ▽

Anstrich. Eigentlich hieß der Ort Wisport, auch Alben (von der Porta Alba, dem Stadttor bei den Kaiserthermen), doch die häufig besuchte Heiligkreuzkapelle verdrängte nach und nach den Ortsnamen. Seit 1923 dient sie als Pfarrkirche.

Umtrunk im Herrenbrünnchen

▬ Vor der Porta Alba, an der Stelle eines keltischen Quellheiligtums, steht das frisch renovierte Herrenbrünnchen. 1495 wurde hier das erste Brunnenhaus errichtet. Das jetzige stammt aus dem Barock. Nach altem Brauch gingen Triers Ratsherren alljährlich nach der Wahl des Bürgermeisters ›uff dat Bröntgen‹ zum fröhlichen Umtrunk. In der Brunnenstube prangen die Wappen der Herren, die dem Brünnchen zu seinem Namen verhalfen.

Vor 1900 wurden hier jeden Tag 670 Kubikmeter Trinkwasser in die Stadt geleitet. Doch dem steigenden Bedarf war das Herrenbrünnchen nicht gewachsen. Neue Quellen wurden erschlossen. Heute pflegen die städtischen Wasserwerke das historische Brunnenhaus, durch dessen Keller noch immer das Wasser vom Heiligkreuzberg fließt.

Europäische Rechtsakademie

▬ Direkt gegenüber öffnete nach zweijähriger Bauzeit 1998 das Congreß-Center (ECC) der Europäischen Rechtsakademie (ERA) seine Pforten. In dem modernen Komplex – er ist als erster Preis aus einem internationalen Architektenwettbewerb hervorgegangen – fand auch die bereits 1991 gegründete ERA eine neue Bleibe. 1998 nahmen fast 5000 Rechtsanwender aus ganz Europa, vor allem Richter und Rechtsanwälte, aber auch Steuerberater, Justitiare von Großunternehmen, Vorstandsvorsitzende von Banken, Bürgermeister und Gemeindevorsteher, an den rund 120 Veranstaltungen der attraktiven Fortbildungsstätte für Europäisches Gemeinschaftsrecht teil.

Neue Funde am Amphitheater

▬ Ganz in der Nähe, am Fuß des Petrisberges, war das Amphitheater einst Schauplatz spannender Wagenrennen oder blutiger Gladiatorenkämpfe und Tierhatzen, die häufig auch für den ›Bestiarier‹, den

73

△ Markante Erinnerung an einen Lehrer aus Olewig, Denkmal in Form eines Obelisken an der Riesling-Weinstraße

△ So stilvoll wie im historischen Deutschherrenhof im Winzerstadtteil Olewig kann eine Weinprobe sein

Neubauten auf der Tarforster Höhe: die Universität ▽

Hetzer, böse endeten, wie Mosaiken der Zeit beweisen. Bei den jüngsten Grabungen an der Ostseite des Amphitheaters fand man ein bislang unbekanntes Gräberfeld. Die in geringer Tiefe ohne Sorgfalt bestatteten Körper waren zum Teil unvollständig. Ein Grab barg sogar lediglich einen Schädel. Nach Ansicht der Grabungsleitung könnte es sich um einen Bestattungsplatz für Gladiatoren handeln, zumal in der Nähe offenbar auch Tierkadaver verscharrt waren.

Erfolgreiche Antikenfestspiele

Außer Zirkusspielen führten die Römer im Amphitheater auch Theaterwerke auf. Eine wiederbelebte Tradition: Seit Sommer 1998 gehört das Amphitheater neben Kaiserthermen und Porta Nigra zu den Schauplätzen der Antikenfestspiele. Rund 10 000 Besucher sorgten für einen triumphalen Start gleich im ersten Jahr. Das Konzept des Intendanten des Trierer Stadttheaters, Heinz Lukas-Kindermann, antike Stoffe in zeitgenössischer Interpretation aufzuführen, war auf Anhieb erfolgreich. Pflege und Adaption antiker Stoffe soll das Markenzeichen des Festivals werden. Auch an der Besetzung wird nicht gespart: In Richard Strauss' Oper ›Elektra‹, mit der die Festspiele am 28. Juni 1998 im Amphitheater eröffnet wurden, sangen Hildegard Behrens, ›Opernsängerin des Jahres‹ 1997, die Titelpartie und Anja Silja die der Klytämnestra.

Moderne Universität Tarforst

In Zusammenarbeit mit der Universität Trier begleitet ein internationales Symposion die Festspiele: 1998 lautete das Thema ›Inszenierte Antike‹, 1999 ›Die Antike, Frankreich und wir‹. Erst 1970 hatte man sich zur Errichtung der Universität auf der grünen Wiese des Vorortes Tarforst entschlossen. Bis 1987 waren alle Bauten fertiggestellt. Angeboten werden vierzig Studiengänge in sechs Fachbereichen mit geistes-, sozial-, wirtschafts- und rechtswissenschaftlichen Disziplinen, darunter so exotische Fächer wie Ägyptologie und Papyrologie. Über 10 000 Studenten drücken nicht nur die Hörsaalbänke, sondern verleihen dem gesamten Stadtbild ein junges Aussehen.

△ *Studium auf dem Weinlehrpfad ...*   *... und in der juristischen Fakultät* ▽

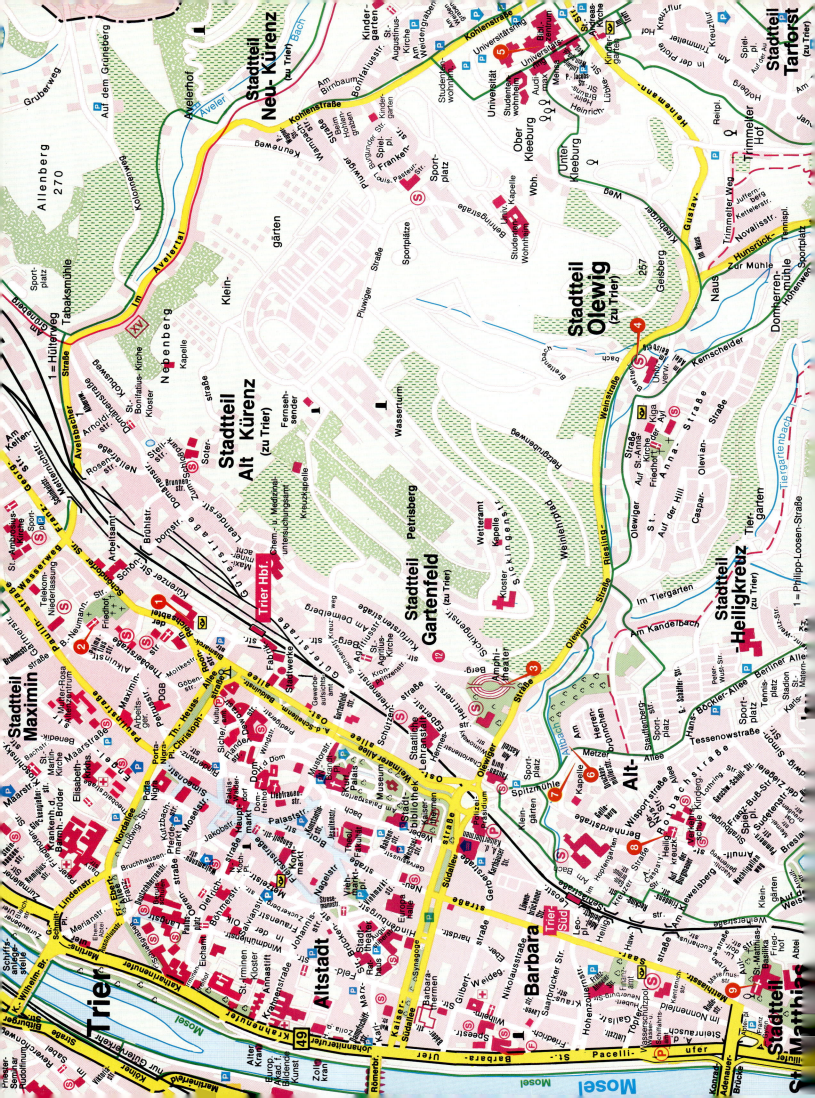

Wo gibt es was?

Nadelnummer = Textnummer

St. Maximin ①

Im Mittelalter war die Abtei eines der bedeutendsten Benediktinerklöster des Reiches. Erste Kirche (1. Hälfte 4. Jh.) errichtet auf einem römischen Gräberfeld, auf dem man rund 1000 Sarkophage entdeckte (Besichtigung auf Anfrage möglich, Anmeldung Bischöfliches Dom- und Diözesanmuseum, Tel. 0651/7105255). Grabstätte des hl. Maximinus († 352). Neubau der Kirche 10. Jh., nach Brand Wiederaufbau (Weihe 1245). Ihre Lage vor den Stadtmauern ließ in den folgenden Jahrhunderten zahlreiche Zerstörungen zu. 1674 wurden Kloster und Kirche von den Franzosen gänzlich zerstört. Barocker Neubau (1680–98). 1802 Aufhebung und Profanierung, Umbau zur Kaserne, 1876 Wiedereinweihung. Seit 1981 Restaurierung, verbunden mit Grabungen. Die Veränderungen des 19. Jh. weitestgehend rückgängig gemacht. Heute teilweise für Konzerte genutzt. Bedeutende karolingische Wandmalereien jetzt im Bischöflichen Dom- und Diözesanmuseum.

St. Paulin ②

St. Paulin ist die reichste und vollendetste Ausprägung eines barocken Saalbaus mit Fassadenturm. Erste Kirche (um 390) für die Gebeine des 358 in der Verbannung gestorbenen Trierer Bischofs Paulinus und die Reliquien der 286 in Trier hingemetzelten Christen. Neubau (1. Hälfte 12. Jh.). Zerstörung durch die Franzosen 1674. Wiederaufbau (1734–51) wohl nach Plänen von Christian Kretschmar.
Innen: Prachtvolle barocke Innengestaltung durch Balthasar Neumann. Altarfiguren von Ferdinand Tietz. Deckengemälde mit Szenen aus der Paulinuslegende von Thomas Scheffler aus Augsburg (1743). In der Krypta Zedernholzsarg des hl. Paulinus hinter dem Rokokoaltar.
Friedhof: Grabstätte der seligen Schwester Blandine Merten (1883–1918; Seligsprechung 1. 11. 1987); Blandinen-Kapelle von Karl P. Böhr (1987/88).

Amphitheater/Petrisberg ③

Unterhalb des Aussichtsberges Petrisberg liegt das Amphitheater (um 100 n.Chr.), ältester erhaltener Römerbau in Trier. Mit 20 000 Plätzen eine der größten Anlagen seiner Art (etwa so groß Veronas Arena). Besonderheit ist, daß nicht das ganze Oval aus Stein errichtet wurde, sondern zum Teil die Lage am Hang genutzt werden konnte. Unter der Arena ein Felsenkeller.

Olewig ④

Oberhalb des Amphitheaters beginnt der Weinlehrpfad (2 km), der in den Weinbergen anhand von 39 Stationen die Arbeit der Winzer erläutert. Er endet im Winzerstadtteil Olewig. Hier kann man den Wein direkt beim Erzeuger probieren, etwa im barocken Deutschherrenhof (fr/sa ab 18 Uhr) oder beim Olewiger Weinfest. Weinproben in Olewig nach Weinproben-Wochenplan (bei Tourist-Information). Hausbrauerei Kraft im ›Blasiusgarten‹.

Universität/Tarforst ⑤

1969 wurde das Tarforster Plateau eingemeindet und neue Siedlungsfläche für das zu klein gewordene Trier gewonnen. Tausende neuer Wohneinheiten entstanden. 1975 Grundsteinlegung für die Universität (erste Gebäude 1977/78 bezugsfertig; Fertigstellung 1987). Nach der Schließung der Universität Trier durch die Franzosen (1798) wurde erst 1952 mit der Eröffnung der Theologischen Fakultät die Hochschultradition in Trier wieder aufgenommen. 1970 beschloß der Landtag von Rheinland-Pfalz die Errichtung einer geisteswissenschaftlichen Fakultät als Teil der Doppeluniversität Trier-Kaiserslautern. 1975 eigenständige Universität Trier mit derzeit sechs Fachbereichen. Verschiedene Gebäudekomplexe (Planungsgruppe Prof. Spengelin) in der überschaubaren modernen Campusuniversität. Heute zweitgrößte Universität in Rheinland-Pfalz.
Archäologische Original-Abgußsammlung des Archäologischen Instituts, Keramik des Mittelmeerraumes (mo u. fr 10–17 Uhr; Tel. 0651/2012429).

Herrenbrünnchen ⑥–⑦

Das **Herrenbrünnchen** ⑥ steht an der Stelle eines keltisch-römischen Quellheiligtums. Erstes Brunnenhaus (1495). Heute barocker Nachfolger (1728). In der Brunnenstube und neben dem Kanal barocke Sandsteintafeln mit den Wappen der Trierer Ratsherren (Besichtigung nach Anmeldung bei der Tourist-Information). Benachbart liegen die **Europäische Rechtsakademie** ⑦ samt **Congreß-Center** und angeschlossenem **Europa Congreßhotel**.

Heiligkreuz ⑧

Kurz nach 1050 erbaute der Dompropst Arnulf eine Kapelle zu Ehren des hl. Kreuzes. Der schlichte Zentralbau über einem kreuzförmigen Grundriß ist ein seltenes Beispiel dieses Typs in Deutschland. Ähnlichkeit mit dem Mausoleum der Galla Placida in Ravenna. Nach den Zerstörungen im Zweiten Weltkrieg weitestgehend ohne spätere Anbauten in ursprünglicher romanischer Form mit romanischer Farbfassung wiederhergestellt. Ein barocker Anbau erhalten. Der hölzerne Kruzifixus an steinernem Baumkreuz (Anfang 16. Jh.) vor der Kirche durch Kopie ersetzt (Original im Inneren).

St. Matthias ⑨

Südlich der spätantiken Stadt, auf einem römisch-frühchristlichen Gräberfeld wurde das bedeutende Benediktinerkloster St. Matthias erbaut. Gut erhaltenes Beispiel einer großen mittelalterlichen Klosteranlage. Ursprünglich nach St. Eucharius, dem Gründer und ersten Bischof der Trierer Kirche benannt. Er und sein Nachfolger Valerius sollen hier auch begraben sein. Neubau einer Kirche bei der ›cella S. Eucharii‹ (um 450). Spätestens seit 8. Jh. Benediktinerkloster. Bei einem weiteren Kirchenneubau (1127) wurden die Reliquien des Apostels Matthias (angeblich ein Geschenk der hl. Helena) gefunden, dessen Name den älteren Kirchennamen verdrängte. Seitdem rege Wallfahrt zum einzigen Apostelgrab nördlich der Alpen. Weihe eines neuen Kirchengebäudes durch Papst Eugen III. (1148; Abschluß der Bauarbeiten 1160). Vollständiger Neubau der Klostergebäude (1. Hälfte 13. Jh.). Spätgotischer Umbau der dreischiffigen romanischen Pfeilerbasilika (15./16. Jh.). Nach Brand (1783) Erneuerung der Dächer und der Turmabschlüsse. 1802 Aufhebung des Klosters. Seit 1922 wieder Benediktinerkloster. In der Folge Wiederherstellungsarbeiten.
Innen: Reiche Ausstattung der Klosterkirche, u.a. spätromanische Chorschranken, spätgotische Glasfenster (1513), Muttergottes (um 1480; gute Arbeit einer Trierer Werkstatt), im Querhaus dreiteiliger ehemaliger Altaraufsatz des Hans Bildhauer von Trier (1563) und zwei Rittergrabsteine (14. Jh.), über der neu errichteten Tumba steinerne Liegefigur des hl. Matthias (um 1480), reich geschnitzte Beichtstühle der Rokokozeit. In der Krypta römische Sandsteinsarkophage der Heiligen Eucharius und Valerius.
Konventsbauten: Das Klostergebäude, eines der edelsten Werke der Frühgotik auf deutschem Boden (1210–57), wurde im 18. und 19. Jh. verändert. Frühgotischer Kreuzgang (nicht zugänglich). Im Friedhof freistehend Quiriunskapelle (heute Leichenhalle) mit unterirdischen Grabkammern (3./4.Jh.), u.a. Albanagruft (Besichtigung nach Voranmeldung, Tel. 0651/31079). Reicher Klosterschatz mit Staurothek (= Kreuztafelreliquiar) aus Konstantinopel mit prachtvoller Fassung (nach 1240) von einem Trierer Goldschmied.
Freiplatz: Neu gestaltet von Karl P. Böhr (1997) mit Brunnen und Pacelli-Kreuz (1957). Ehemalige Pilgerherberge (um 1638) heute Pfarrhaus, anschließend äußeres Klostertor und das zugehörige Torhaus (1717) mit Figuren der Kirchenpatrone in giebelbekrönter Nische.
Garten: Zum Kloster gehört auch ein Garten im englischen Stil mit ehemaligem Fischerhaus (18. Jh., um 1830 neugotisch umgestaltet).

Maßstab 1 : 15.000

800m · 600 · 400 · 200 · 0

Triers Europäische Akademie für Bildende Kunst hat längst überregionalen Rang.

Ziele mit Moselblick — attraktiv und inspirierend

Wo einst die Römer ihre Villen errichtet hatten, ließen sich auch Triers geistliche Herren ihre Sommersitze erbauen, um den Blick auf den in der Sonne glitzernden Fluß zu genießen. Noch heute sind Igel, Pfalzel, Schloß Monaise und Weißhaus beliebte Ausflugsorte. Gut besuchtes Arbeitsziel – nicht nur angehender Künstler – ist die Europäische Akademie für Bildende Kunst.

△ Sportliche Erholung auf dem Moselradweg

Spaß und Nervenkitzel beim Europafest im Messepark ▽

△ Treff der Bootsfreunde: Mosel-Jachthafen beim Schloß Monaise

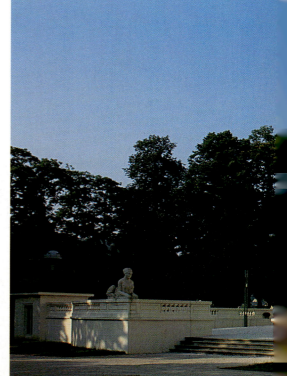

△ Die Igeler Säule, ein römisches Familiengrabmal   Das einst kurfürstliche Schloß Monaise ▽

Die alte Römerstraße folgte der Mosel. Von Trier führte sie in der einen Richtung moselabwärts bis nach Koblenz beziehungsweise nach Andernach, in der anderen über Metz und Reims nach Paris, dem alten Lutetia. Entlang der Straße hatten die Römer ihre Landsitze. Viele von ihnen schlummern noch unentdeckt unter der Erde.

Die Igeler Säule

An der Straße nach Metz steht seit bald zwei Jahrtausenden das berühmte Grabmal der Secundinier, besser bekannt als Igeler Säule. In der Mitte des kleinen Ortes Igel erhebt sich das Monument 23 Meter in die Höhe. Weil man es einst für das Grabmal der Helena hielt, verschonten es unsere Vorfahren bei der Suche nach Baumaterial. Wind und Wetter hatten weniger Respekt. Die Reliefs sind verwittert und dem Adler des Jupiter, der über dem Monument ›schwebt‹, wurden die Flügel stark gestutzt.

Bereits zu Beginn des 16. Jahrhunderts erregte das ›schönste heidnische Denkmal diesseits der Alpen‹ das Interesse gelehrter Humanisten, die viel an ihm herumdeuteten. Überflüssig zu sagen, daß auch Goethe davon begeistert war und eine Kopie en miniature auf seinem Schreibtisch stehen hatte. Man sieht sie noch immer im Goethehaus am Frauenplan in Weimar. Bildhauer ließen sich von der Säule inspirieren, Dichter besangen sie. Nur die Einwohner von Igel selbst nahmen das Denkmal nicht sehr ernst und versteckten es hinter Holzstapeln und Misthaufen.

Bilder aus dem Römerzeit

In den Jahren 1907 und 1908 wurde ein Abguß in Originalgröße für das Rheinische Landesmuseum gemacht, der dort noch heute im Innenhof zu bewundern ist. An dieser Kopie rekonstruierte man die einstige Bemalung. So kann man die Szenen zumindest dort wieder gänzlich erkennen. Was auf der Säule dargestellt ist, unterliegt heute keinem Zweifel mehr. Die verstümmelte Inschrift berichtet, daß die Brüder Secundinius das Denkmal ihren Eltern und anderen Verwandten errichtet haben.

△ Seit Jahrzehnten ein Ausflugsort: das Weißhaus

Er gab dem Drachenhaus seinen Namen ▽

Einst Sitz der Verwaltung einer Eisenhütte: Schloß Quint ▽

△ Geselliges Beisammensein heute und einst: Jazz-Frühschoppen im Café ›Mohrenkopf‹, Mönchsmahl in Eitelsbachs Kartäuserhof ▽

Die Reliefs gewähren einen tiefen Einblick in das religiöse, wirtschaftliche und private Leben einer reichen Kaufmannsfamilie an der römisch-treverischen Mosel. Die Mosel selbst ist auf der Nordseite – echt römisch – als bärtiger Flußgott dargestellt, umgeben von phantastischem Meeresgetier, von Delphinen, Tritonen und anderen menschlichen Wesen mit Fischleibern. Aufschlußreich sind auch die Illustrationen aus dem Geschäftsbereich der Secundinier, deren Tuchfabriken wahrscheinlich im nahen Trier lagen. Von der Produktion bis zum Versand wird der Ablauf gewissenhaft geschildert. Und schließlich die Familie selbst. Mit unverhohlener Freude an ihrem Reichtum ließen sie sich beim Schlemmen abbilden, behaglich ausgestreckt auf dem Speisesofa.

Das Schlößchen Monaise

▬ Was den alten Römern recht war, war den geistlichen Herren billig. Ende des 18. Jahrhunderts ließ der Trierer Dompropst (und spätere Erzbischof von Speyer) Philipp Nikolaus Graf von Walderdorff am Moselufer ein Landhaus errichten, das den Besucher an die Toskana oder Venetien erinnert. ›Otium cum dignitate‹ (Muße mit Würde) schrieb er frei nach Cicero als Motto auf den Giebel von Schloß Monaise. Nach Jahren der Verwahrlosung wurde das Schlößchen, das als letzter aufwendiger Bau des kurfürstlichen Trier anzusehen ist, kürzlich renoviert. Auf der sonnigen Terrasse des neu eingerichteten Café/Restaurants kann man noch einen Hauch der kurfürstlichen Muße erahnen.

Keltenstamm der Treverer

▬ Vor den Römern lebten an der Mosel die Treverer, einer der bedeutendsten Keltenstämme Galliens. Im Jahr 58 v. Chr. werden sie erstmals namentlich faßbar. Sie standen – wie wir aus Julius Caesars Aufzeichnungen über seinen Gallischen Krieg wissen – im Ruf ganz besonderer Tapferkeit. Sie verfügten über die beste Reiterei in ganz Gallien und über viele Truppen. Doch nützte es ihnen letztlich nichts: Ihr Gebiet wurde von den Römern erobert. Die Treverer zogen sich auf das westliche Moselufer zurück. Gegen-

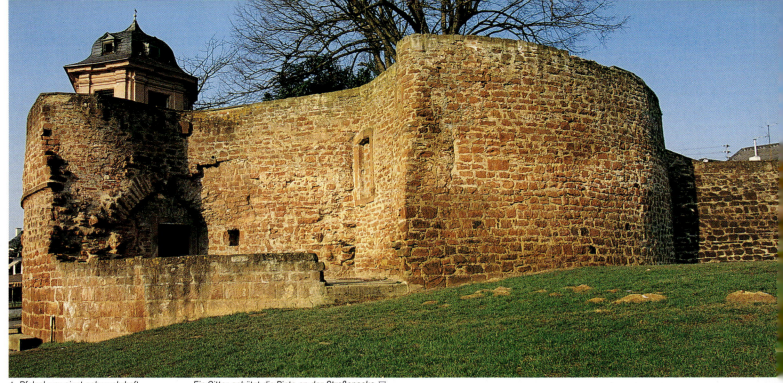
△ Pfalzel war einst sehr wehrhaft   Ein Gitter schützt die Pieta an der Straßenecke ▽

△ Pfalzel: Vom Amtshaus aus sah der Kurtrierer Amtmann nach dem Rechten

△ Stimmungsvolle Ecken gibt es fast überall in Pfalzel, ... richtig Stimmung kommt auf beim Karneval ▽

über dem römischen Trier, am Fuße des Markusberges, errichteten sie eine gigantische gallo-römische Tempelanlage, geweiht ihrem Hauptgott Lenus Mars. Seit dem Mittelalter diente sie als Steinbruch, heute ist davon fast nichts mehr zu sehen.

Europäische Kunstakademie

▬▬▬ Wo einst die Treverer lebten, treffen sich heute Künstler aus aller Welt. In die Räume des ehemaligen Schlachthofs aus dem 19. Jahrhundert ist längst die Europäische Akademie für Bildende Kunst eingezogen. In 18 Ateliers und Werkstätten lernen, experimentieren und arbeiten nun alljährlich rund 2000 Künstler. Seit der Gründung 1977 wurden unzählige Kurse für die unterschiedlichsten künstlerischen Techniken angeboten. In rund 50 verschiedenen Klassen wird unterrichtet.

Doch nicht nur Kunststudenten lassen sich hier von der Muse küssen. Nach dem Motto ›Urlaub mal ganz anders‹ nutzen auch viele Hobbykünstler das Angebot, vor allem das Sommerprogramm.

Durch Pfalzels enge Gäßchen

▬▬▬ In Pfalzel scheint die Zeit stehengeblieben zu sein. Mit Römersteinen, Deutschlands ältestem bewohnten Steinhaus und anderen mittelalterlichen Wohnhäusern, kurtrierischen Renaissance-Bauten, barocker Martinskirche und einer frühneuzeitlichen Wallanlage, auf der man heute gemütlich spazieren kann, gleicht der historische Ortskern einem begehbaren Geschichtsbuch. In jeder Ecke ist etwas Altes zu entdecken. Orientierung gibt die Wandmalerei am Sparkassengebäude: Sie zeigt Pfalzel um 1500.

Früher war Pfalzel, vor allem der Uferstreifen, häufig überschwemmt, zuweilen mehrmals im Jahr. Seit der Moselkanalisierung und dem Bau der Schutzmauer hat sich das entscheidend geändert. Leider wurde die malerische Moselfront dadurch etwas beeinträchtigt. Doch noch immer ist der Weg entlang dem Fluß mit Dampferanlegestelle und zahlreichen Ausflugsrestaurants idyllisch. Hier lohnt auch ein Stopp auf dem Moselradweg – vielleicht auf der Terrasse der Klosterschenke?

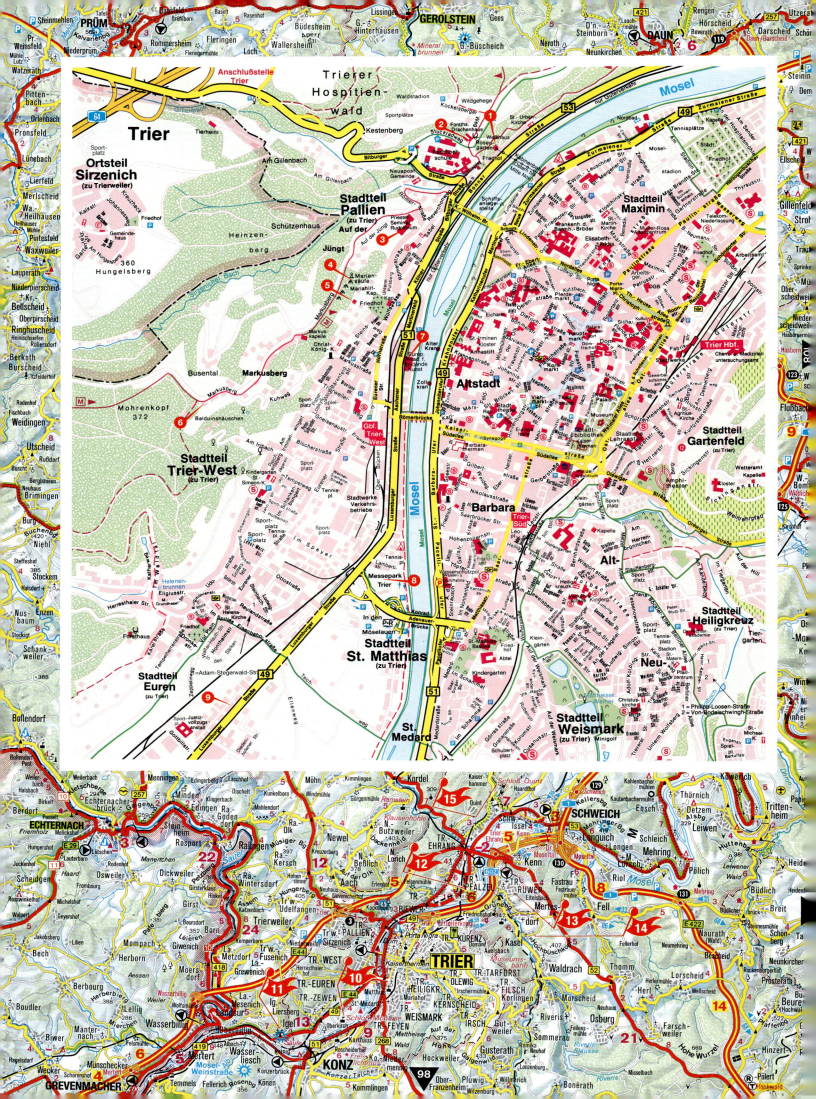

Wo gibt es was?

Nadel-/Fähnchennummer = Textnummer ❶ = Auskunft

Weißhaus ①–②

Ziel der Kabinen-Schwebebahn vom Zurlaubener Ufer ist das **Weißhaus** ①, ursprünglich ein Jagdhaus (Anf. 19. Jh.), das von Prinz Heinrich der Niederlande 1862 erworben worden war. Nach seinem Tod († 1879) kaufte der Weißhausverein die Anlage, die später in Stadtbesitz überging. Im Ersten Weltkrieg Reserve-Lazarett, wurde es nach Kriegsende zum Ausflugsrestaurant umgebaut. Nach Renovierungsarbeiten wurde das Café/Restaurant mit herrlichem Blick auf Trier 1984 wiedereröffnet.

In der Nähe **Wildfreigehege** (Waldlehrpfad, ca. 3,5 km) und Spielplatz sowie das **Drachenhaus** ② mit dem Rosengarten (nur Name, heute ohne Rosen), einst Besitz der Benediktinerabtei St. Mergen, heute Forsthaus. Kunstvolle Wasserspeier gaben dem Haus den Namen. Unmittelbar anschließend das Gelände des **Schneiderhofs**, benannt nach einem ehemaligen Gasthof, in dem zeitweilig die Universität Trier untergebracht war, jetzt Fachhochschule des Landes Rheinland-Pfalz.

Markusberg ③–⑥

Von Pallien geht es hinauf zum Markusberg, dem Berg des Apollin römischer Zeit. Auf halber Strecke liegt die **Katholische Akademie** ③ (= Priesterseminar Rudolphinum; 1929/30), 1997 nach mehrjähriger Renovierung als Tagungs- und Kongreßstätte Robert Schuman-Haus wiedereröffnet. Weithin sichtbar auf dem Markusberg wurde die 40 m hohe **Mariensäule** (1854–66) ④ im Zusammenhang mit dem 1854 verkündeten Dogma der Unbefleckten Empfängnis Mariens aus Spendengeldern Trierer Bürger errichtet; Figur nach Skizzen von Gottfried Renn auf hohem neugotischen Pfeiler. Daneben liegt die neugotische **Mariahilfkapelle** ⑤ mit Kreuzweg. Am Ende der Straße auf den Markusberg befindet sich das **Café ›Mohrenkopf‹** ⑥ mit herrlichem Aussichtsgarten (gelegentlich so Jazz-Frühschoppen, Tel. 0651/86775).

Kunstakademie ⑦

In den ehemaligen Schlachthof am Moselufer zu Füßen des Markusbergs zog die **Europäische Akademie für Bildende Kunst**, Aachener Str. 63, die jedes Jahr unterschiedlichste Kurse anbietet (Tel. 0651/88700).

Messepark ⑧

1993 wurde der Messepark ›In den Moselauen‹ eröffnet; Messehalle (1996). Bedeutendste unter den Ausstellungen ist die Mosellandausstellung (Sept./Okt.); Europa-Volksfest (Mai).

Funkmuseum ⑨

Schausammlung und Archiv des Traditionsvereins Fernmelde- und Elektronische Aufklärung Luftwaffe e.V. ist das Funkmuseum in der General-von-Seidel-Kaserne, Luxemburger Str. 230. Es zeigt eine in Deutschland einmalige Sammlung von Geräten der Funkaufklärung der Bundeswehr von den 50er Jahren bis heute (Besichtigung nur nach Voranmeldung, Tel. 0651/819347).

Schloß Monaise ⑩

Das Lustschlößchen (1779–83), errichtet von François Ignace Mangin für Philipp Nikolaus Graf von Walderdorff, ist ein schlichter frühklassizistischer Bau; über den vier ionischen Säulen des Mittelrisaliten das walderdorffsche Wappen. Monaise (= mein Behagen) ist das hervorragende Beispiel einer ›villa suburbana‹ des späten 18. Jh., eines Bautyps, der zu jener Zeit europaweit in Anlehnung an die oberitalienischen Villen Andrea Palladios entstand. Die Einrichtung wurde im Zweiten Weltkrieg verwüstet. Seit 1969 ist Monaise Eigentum der Stadt Trier, die das Schloß wiederherrichten ließ (1993–97); heute teilweise als Café/Restaurant genutzt (Tel. 0651/828670). Die Beletage mit schönem Stuck ist zu besichtigen und dient als Konzertsaal. Vor der Parkfront Terrasse mit Sphingen, im Park Aussichtspavillons und Grabkapelle (1820) für Eleonore von Blochhausen, die Monaise 1781 gekauft hatte.

Igel ⑪

An der alten Römerstraße Trier–Reims steht die **Igeler Säule** (um 250 n.Chr.), Grabdenkmal der römischen Tuchhändlerfamilie der Secundinier. Den quadratischen, ursprünglich ca. 23 m hohen Sandsteinpfeiler mit geschweiftem Steindach bedecken Relief-Szenen aus Mythologie und Leben der Grabinhaber. Originalgetreue Kopie (1907), farbig gefaßt, im Hof des Rheinischen Landesmuseums (Trier). ❶ Verbandsgemeindeverwaltung Trier-Land, Gartenfeldstr. 12, 54295 Trier, Tel. 0651/46050.

Pfalzel ⑫

Der Moselhafen blickt auf eine lange Geschichte zurück. Das namengebende ›Palatiolum‹ (= kleine Pfalz im Gegensatz zum ›Palatium‹, dem Trierer Kaiserpalast) wurde zum palastartigen Landsitz ausgebaut (nach 360). Um 700 schenkte der fränkische Hausmeier Pippin der Mittlere die als Ruine bezeugte Anlage seiner Schwägerin Adula, Tochter der Abtissin Irmina von Oeren, die darin ein Nonnenkloster errichtete. Die einstige Stiftskirche St. Maria, jetzt katholische **Pfarrkirche** mit kreuzförmigem Grundriß, ist durch Umgestaltung der Süd-

ostecke des römischen Palatiolum (Reste in der Kirche und angrenzenden Gebäuden) entstanden. Der Bau verschiedener Epochen mit frühromanischer Apsis wurde 1802 profaniert, ein Großteil der Ausstattung verkauft; ein spätgotischer Schnitzaltar steht zum Beispiel in der Votivkirche in Wien. Die heutigen Kostbarkeiten stammen aus St. Maximin in Trier. 1961/62 wurde anstelle des 1944 zerstörten westlichen Kreuzarmes durch Otto Vogel (Trier) ein dreischiffiger Erweiterungsbau angefügt. Das Ergebnis ist eine geglückte Symbiose von alter Kirche (heute Querhaus) und Neubau.

Einige **Stiftskurien** sind erhalten. Das **Amthaus** (16. Jh.), ein Renaissancebau, war Sitz eines Kurtrierer Amtmanns. Sonst ist der Ortskern weitgehend von einfachen Wohnhäusern des 16. bis 18. Jh. geprägt. Das **Haus Stiftsplatz 3** gilt mit seinen römischen Ziegelbögen als Deutschlands ältestes bewohntes Steinhaus. Die mittelalterliche Stadtmauer wurde durch eine neuzeitliche, bis heute guterhaltene **Ringmauer** mit Geschützbastionen (1530/40) ersetzt. Auf der südöstlichen Eckbastion steht bis heute ein Gartenpavillon (18. Jh.).

Ruwer ⑬

Der Moselort hat viele Weingüter, die zum Teil Weinproben anbieten. Der Duisburger Hof (Wohnturm 14. Jh., Reste der Anlage mit Wappenstein u. Inschriftplatten 16. Jh.) gehört dem Bischöflichen Konvikt Trier, der Kartäuser Hof, im Ortsteil *Eitelsbach*, einst Hofgut der Trierer Kartause (spätgotisch mit barocken Umbauten, Wirtschaftsgebäude 18. Jh.) ist heute das Weingut Tyrell und Zuchtstätte Trakehner Pferde. ❶ Verbandsgemeindeverwaltung Ruwer, Rheinstr. 44, 54292 Trier, Tel. 0651/5510.

Kasel ⑭

In Kasel hatten einige Trierer Klöster ihre Weingüter. Die früheren Höfe des Stifts St. Paulin und der Abtei St. Marien sind erhalten (18. Jh.). In den Dominikaner-Hof ist das Weingut Nell-Breuning eingezogen. ❶ siehe Ruwer.

Quint ⑮

Der Ort lag ›ad quintum lapidem‹ = beim fünften Meilenstein (an der Römerstraße Trier–Andernach). 1683 wurde hier eine Eisenhütte gegründet (1972 geschlossen). Der Hüttenbesitzer Franz von Pidoll ließ ein stattliches Rokoko-Schloß (um 1760) als Wohn- und Verwaltungsgebäude im Stil des kurtrierischen Hofbaumeisters Johannes Seiz errichten mit Figurenschmuck in der Art des Ferdinand Tietz. Eine Freitreppe führt in den Park, der seit dem 19. Jh. in einen englischen Garten umgewandelt ist.

Maßstab 1:25.000

Maßstab 1:200.000

In Saarburg zieht es
alle an den Leukbach
mit seinen pittoresken
Brücken und den
einladenden Cafés.

Die Saar entlang und in den Hunsrück

Üppige Weinhänge säumen auch das Saartal von Konz bis Mettlach. Gern verweilt man in Saarburgs Zentrum am Leukbach, ›Klein-Venedig‹ genannt. Oder in Mettlach, in dessen Barockkloster seit fast 200 Jahren edles Geschirr und andere nützliche Keramik produziert werden. Wanderer zieht es in die urtümlichen Wälder von Hunsrück und Osberger Hochwald: Hunderte von Kilometern Natur, bestückt mit romantischen Burgen.

△ Konz: Immer noch stattlich sind die Reste des Kartäuserklosters, ... eine Augenweide ist der Rosengarten im Roscheider Hof ▽   △ Fachwerkhaus aus dem Hunsrück im Museum

△ Zum Freilichtmuseum Roscheider Hof gehört auch die Gutsschenke, die mit Kaffee und Kuchen die Besucher verwöhnt

Der Anschaulichkeit halber teilweise rekonstruiert wurde das römische Heiligtum auf dem Metzenberg bei Tawern ▽

Rheinisches Schiefergebirge und pfälzisch-lothringisches Schichtstufenland haben die Flüsse Mosel, Saar, Sauer und Ruwer in Jahrmillionen durchschnitten. Heute winden sie sich tief unten durch die großen Hochflächen, und während über diese der Wind pfeift, läßt die Sonne an den windgeschützten Flußufern vorzüglichen Wein gedeihen.

Museum Roscheider Hof

Daß die Arbeit der Winzer und Bauern in den letzten Jahrhunderten kein Zuckerschlecken war, kann man im Volkskunde- und Freilichtmuseum Roscheider Hof schnell erkennen. Ein ganzes Hunsrück-Dorf wurde aufgebaut aus Original-Fachwerkhäusern samt deren Mobiliar. Der Biedermeier-Pavillon inmitten des Rosen- und Kräutergartens allerdings stammt aus Trier.
In dem weitläufigen Gutshof selbst ist Alltagskultur zu sehen: von einfachen Wohnräumen über landwirtschaftliche Geräte, einem Krämerladen der 50er Jahre, einer Dorfkneipe bis zum Klassenzimmer von 1912. Im Sommer kann man alte Handwerkstechniken kennenlernen, vor allem die Leinenherstellung, und aus dem museumseigenen Leinenlädchen etwas aus der ›guten alten Zeit‹ mit nach Hause nehmen.

›Taken‹, Ofenplatten aus Trier

Vielerorts in Trier entdeckt man schwarze, gußeiserne Ofenplatten, Taken genannt, im Roscheider Hof gleich eine ganze Sammlung. Die Erzeugung glutflüssigen Eisens gelang in Europa – die Chinesen kannten die Technik schon etwas länger – erst im Spätmittelalter. Zahlreiche Eisenhütten arbeiteten im Trierer Land, in Eifel und Hunsrück. Hier hatte man die fürs Erhitzen des Metalls notwendigen Holzmassen vor der Haustür. Zunächst nutzte man die neue Technik allerdings zur Herstellung von Kanonenrohren und -kugeln.
Um die Mitte des 15. Jahrhunderts tauchten die ersten Takenplatten auf. Bald verfeinerten sich die Dekorationsformen. Es war die Zeit der ausgehenden Gotik und der Renaissance. Die Formenschneider für die Gußmodeln nahmen Anleihen bei

△ Mitten in Saarburgs ›Klein-Venedig‹ stürzt der Leukbach zwanzig Meter in die Tiefe

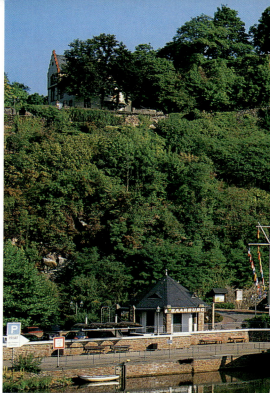
Saarburgs Leukbach treibt die Hackenberger Mühlräder an ▽

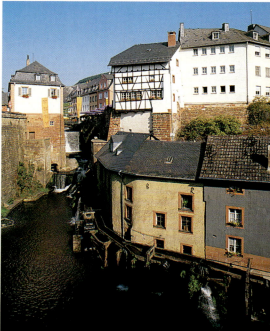
Auch an der Saar: Weinberge soweit das Auge reicht ▽

△ Hoch über der Saar thront die Saarburg nur noch als mächtige Ruine, seitdem sie 1705 von den Franzosen zerstört wurde

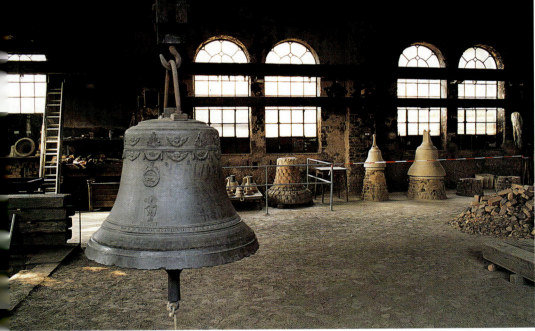
△ Glockenguß mit über 200 Jahren Tradition: Mabilon in Saarburg   Der Kenner prüft den Reifegrad: Winzer bei Konz ▽

Holzschnitten Albrecht Dürers oder Lukas Cranachs. Immer wieder erkennt man die gleichen Motive. Die Takenplatten konnten günstig hergestellt werden und verdrängten vielerorts – auch weil sie viel schneller warm wurden – die Kachelöfen. Erst im 19. Jahrhundert kamen sie aus der Mode. Praktischere Öfen ließen die alten Gußplatten im wahrsten Sinne des Wortes zu altem Eisen werden – und in den letzten Jahren zu teuren Antiquitäten.

Ausflugsziel Saarburg

Der preußische Baumeister Karl Friedrich Schinkel erwähnt in seinen Reiseaufzeichnungen 1826 das ›alte zerfallene Schlosse, von Caesar gegründet‹. So alt ist die Saarburg nun auch wieder nicht; dennoch gilt sie als eine der ältesten Höhenburgen Deutschlands. Erstmals wurde sie am 17. September 964 erwähnt, als der Trierer Bischof den Hügel ›Churbelun‹ an Graf Siegfried II., den Stammvater des Hauses Luxemburg, verkaufte. Dieser errichtete auf dem strategisch wichtigen Hügel eine wehrhafte Burg.
Über Jahrhunderte war die Saarburg nun Spielball in lokalen und territorialen Machtkämpfen. Schließlich kaufte die Stadt 1860 – im Zuge wachsenden historischen Interesses – die Burgruine. Bis heute ist sie ein beliebtes Ausflugsziel. Der schönste Weg führt über den alten Burgpfad. Ab Buttermarkt, vorbei am Haus Warsberg und den letzten Resten der gewaltigen Außenmauern, verläuft er bis zu 15 Meter hoch über dem abschüssigen Fels.

Klause bei Kastel-Staadt

›In den öden Felsenritzen sieht er einen Klausner sitzen‹, dichtete einst Wilhelm Busch. Öde ist die Felsenritze hoch über dem Saartal bei Kastel jedoch keineswegs. Einst lebte hier der Franziskanermönch Johannes Romery, der später das Kloster in Beurig gründete. Neben seiner Einsiedelei grub er Kapellen in die Sandsteinwand. Fast 200 Jahre lang beteten hier die Klausner und genossen die herrliche Aussicht. Nach den Wirren der Französischen Revolution verfielen die Kapellen, bis der preußische Kronprinz Friedrich Wilhelm (IV.), ›der Romantiker

△ Glanzstücke aus der Produktion von Villeroy & Boch zeigt das Keramikmuseum ...   ... auf Schloß Ziegelberg bei Mettlach ▽

△ Ziel von so manchem Wanderer ist die Ruine Freudenburg

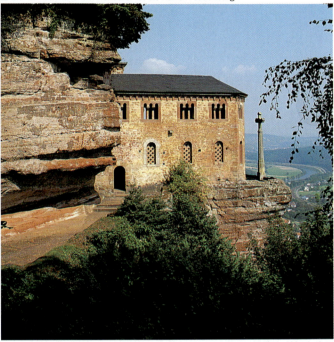
△ Hoch über der Saar: Klause bei Kastel-Staadt Saarschleife bei Mettlach ▽

auf dem Königsthron‹, Schinkel den Auftrag zur Restaurierung der Ruine gab. Ein Denkmal romantisch verklärten Ritter- und Heldentums entstand, eine neugotische Grabkapelle für König Johann von Böhmen.
Dieser war 1346 in der Schlacht von Crécy gefallen. Die Gebeine des sagenumwobenen blinden Königs, der als Sproß der Grafen von Luxemburg die Erbin Böhmens geheiratet hatte und dessen Sohn 1349 als Karl IV. deutscher Kaiser wurde, hatten schon eine weite Reise hinter sich. An mehreren Stellen waren sie aufbewahrt worden. Zuletzt in Mettlach. Bei einem Besuch hatte sie der dortige Fabrikbesitzer Jean François Boch dem Kronprinzen geschenkt. Im schwarzen Marmorsarkophag ruhte seitdem der tote König über der Saar, bis er 1945 letztmalig auf Reisen ging: in die Kathedrale von Luxemburg.

Edles Geschirr aus Mettlach

1809 hatte Jean François Boch die Benediktinerabtei in Mettlach gekauft, nachdem die letzten Klosterbrüder im Zuge der Säkularisation das Feld geräumt hatten. Schon Bochs Vorfahren hatten in Lothringen und Luxemburg Steingutfabriken. Er selbst stellte nun an der Saar nach englischem Vorbild hübsches Gebrauchsgeschirr her.
Die Fabrik in Mettlach wuchs und gedieh. Historistische Zierhumpen und Schalen entstanden, Jugendstilvasen und Büsten. Künstlerisch gestaltete Fliesen gingen in alle Welt, an Bord der ›Titanic‹, für den Wandschmuck der Moskauer U-Bahnstationen oder die Woermann-Reederei im südwestafrikanischen Swakopmund. Es gab bald keine einschlägige Ausstellung mehr, auf der die Firma nicht die begehrtesten Auszeichnungsmedaillen ›absahnte‹.
Längst hatten sich die Bochs mit dem ebenfalls aus Lothringen stammenden Keramikfabrikanten Nicolas Villeroy zusammengetan (1836). Bis heute produziert Villeroy & Boch auf dem Gelände des Mettlacher Barockklosters Tafelgeschirr, dekorative Keramik, Fliesen und Sanitärartikel. Der Ort lebt von der Keramikfabrik, und die Besucher strömen in die Geschäfte, auf der Suche nach einem günstigen Schnäppchen.

△ Eine waldreiche Hügellandschaft mit vielen Burgen ist der Hunsrück – hier bei Kell am See mit Blick auf die Grimburg

△ Der Hunsrück im Morgennebel

△ Dampflok aus dem Eisenbahn-Museum in Hermeskeil ...   ... und Europas größte Flugausstellung im Ortsteil Abtei ▽

Ziel von Freunden der Romantik ist die neugotische Burg Heid am Heidkopf mitten im Osburger Hochwald ▽

Auf Schloß Ziegelberg, dem einstigen Familiensitz, wird gezeigt, was die Firma Villeroy & Boch in rund 250 Jahren an keramischen Prunkstücken hervorgebracht hat. Über die Firmen- und Familiengeschichte informiert eine Multivision, Teil der Keravision in der alten Abtei, wo auch eindrucksvolle Ausstellungen zur Tischkultur zu sehen sind.

Burgen grüßen im Hunsrück

Nicht selten sind Burgen das Ziel von Wanderungen durch den Naturpark Hunsrück oder den Osberger Hochwald. Etwa die Grimburg, Ende des 12. Jahrhunderts vom Trierer Erzbischof erbaut. 1522 übernahm Franz von Sickingen das Kommando, danach verfiel die Anlage, bis sie um 1980 freigelegt und zum Teil wiedererrichtet wurde.
Oder Burg Heid am Heidkopf (530 Meter) im Hochwald. Kaum eine liegt so malerisch. Mitte des 19. Jahrhunderts wurde sie neugotisch umgestaltet. Schon auf dem Weg sollte man in einem Gedicht-Bändchen der Romantiker lesen, vielleicht am Ufer des Bächleins, und von längst vergangenen Zeiten, von Feen und Sagengestalten träumen. Bis die Geräusche eines Traktors einen in die Wirklichkeit zurückholen. Burg Heid gehört heute zu einem landwirtschaftlichen Betrieb.

Raritäten moderner Technik

Wer es moderner, technisch-realistischer mag, dem sei Hermeskeil empfohlen. In seinem alten Bundesbahn-Betriebswerk sind mehr als dreißig Dampflokomotiven aus der Zeit vor dem Zweiten Weltkrieg, zwei E-Lok-Oldtimer und andere Raritäten zu finden.
Und im Flugzeugmuseum – Europas größter Flugausstellung – sind rund hundert Originalmaschinen versammelt: von der legendären Ju 52 über einen ausrangierten Bundeswehr-Starfighter bis hin zu jener Super-Constellation, mit der Konrad Adenauer 1955 nach Moskau flog, um die Freilassung von 10 000 deutschen Kriegsgefangenen zu erwirken. Auch der Welt größter Hubschauber parkt in Hermeskeil, eingeflogen aus dem Ural. Sogar ›Stewardessen‹ gibt es. In einer nachgebauten Concorde servieren sie Kaffee und Kuchen.

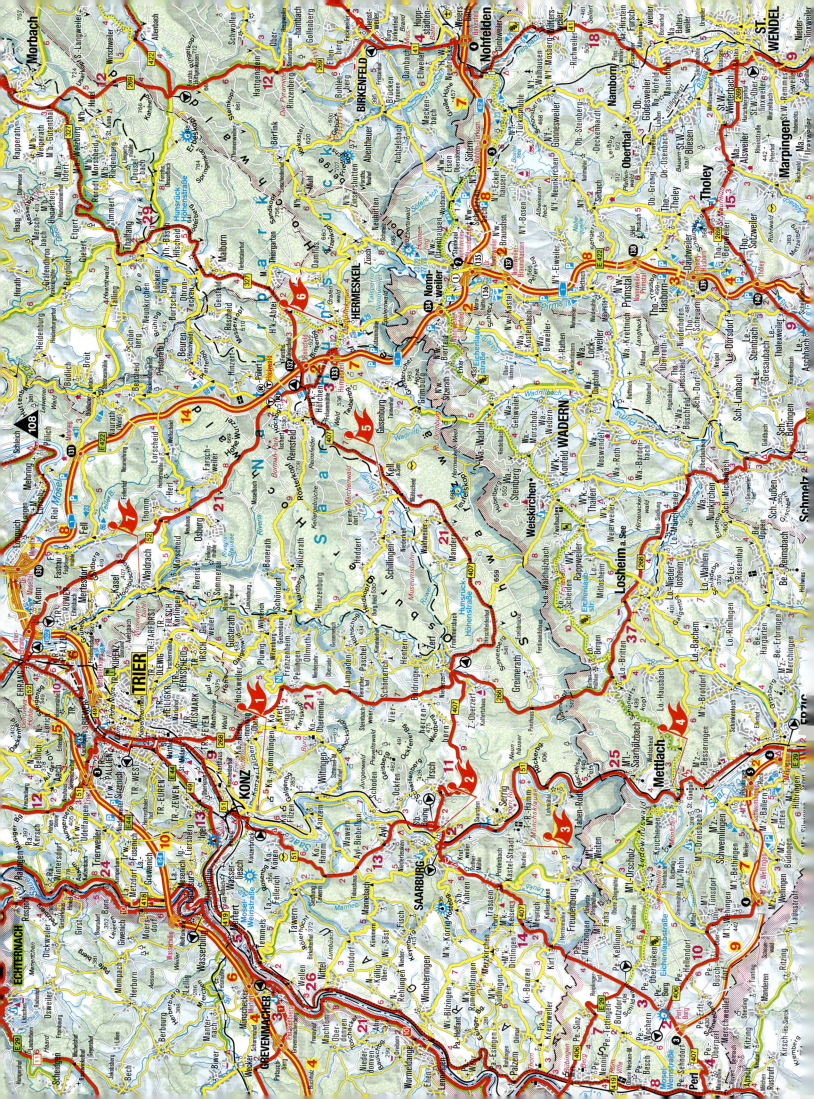

Wo gibt es was?

Fähnchennummer = Textnummer — **ⓘ** = Auskunft

Konz ①

Alter Brückenübergang am Zusammenfluß von Mosel und Saar, seit dem Mittelalter Eckbastion des Erzstifts Trier gegen Frankreich.
Sehenswert: Sommersitz Kaiser Valentinians (364–75) an der Stelle der kath. Pfarrkirche St. Nikolaus (Reste der Römervilla frei zugänglich; Besichtigung des Apsidensaals und der Krypta nach Anmeldung im Pfarramt, Tel. 06501/2312). Im Stadtteil Karthaus wird das ehemalige Kartäuserkloster (Gründung 1680) nach umfangreichen Renovierungen seit 1987 als Bürgerhaus und Kulturzentrum genutzt.
Museum: Die Gutsdomäne Roscheider Hof (1330 erstmals erwähnt) der Trierer Benediktiner-Abtei St. Matthias ist heute Volkskunde- und Freilichtmuseum mit rund 21 ha Freigelände und 3000 qm Ausstellungsfläche (di–fr 9–17, sa/so/fei 10–18 Uhr; Gutsschenke; Wechselausstellungen; museumspädagogische Betreuung, Tel. 06501/92710).
Aktivitäten: Segeln, Surfen, Radfahren, Wandern, Planwagenfahrten.
Veranstaltung: Heimat- und Weinfest (Juli).
Umgebung: In *Tawern* (8 km südwestl.; Name von lat. taberna = römischer Tempelbezirk) ist ein teilweise rekonstruiertes römisches Heiligtum (1.–4. Jh.) frei zugänglich (Führungen Tel. 06501/16661).
ⓘ Fremdenverkehrsgemeinschaft Obermosel-Saar, Granastr. 24, 54329 Konz, Tel. 06501/7790.

Saarburg ②

Das Städtchen im Saartal erhielt 1291 Stadtrecht.
Sehenswert ist ›Klein Venedig‹, das Viertel um den Buttermarkt an dem im 13. Jh. zur Brandbekämpfung in die Stadt verlegten Leukbach, mit den auf Eichenpfählen gebauten alten Häusern und malerischen Brücken. Der 20 m hohe Wasserfall treibt die Hackenberger Mühle, Staden 6, an. Mühlräder und historische Mahlstube sind zu besichtigen (April–Okt. mo–fr 14–17, sa/so/fei 11–17 Uhr).
Die Saarburg, eine der frühesten Höhenburgen Deutschlands (964), wurde 1705 von Franzosen zerstört. Erhalten blieben der Rundturm und Reste der Oberburg (12. Jh., frei zugänglich); daneben exklusive Burgschenke (di geschl.). Unterhalb der Burg historische Herrenhäuser: Landhaus Keller am Saarufer ist heute Hotel, Haus Warsberg (15.–17. Jh.), einst Sitz der Trierer Amtmänner, 1836 Wohnsitz Friedrich Wilhelms von Preußen, jetzt Verbandsgemeindeverwaltung. Erhalten sind auch Reste der Stadtbefestigung sowie der gotische Turm der sonst neugotischen Pfarrkirche St. Laurentius.
Handwerk: Amüseum, Am Markt 29, zeigt historische Handwerksberufe (unterschied-

liche Öffnungszeiten jeder Ausstellung, Tel. 06581/928117). Seit 1770 besteht die Glockengießerei Mabilon & Co., Staden 130 (mo–fr 8–12 u. 13–16 Uhr).
Veranstaltungen: Saarburger Markttage (Juli), Saarweinfest (Sept.).
Aktivitäten: Stadtführungen, Anlegestelle für Fahrgastschiffe, Radfahren, Wandern, Sesselbahn ›Warsberg‹ (20. März–Okt.).
Umgebung: Im östlichen Stadtteil *Beurig* ehem. Franziskanerkloster (1614/15) mit reich ausgestatteter Pfarr- und Wallfahrtskirche. Bei *Serrig* (3 km südl.) größte Staustufe Deutschlands (1987); zwei 190 m lange Schleusenkammern bewältigen einen Höhenunterschied von 14,5 m.
ⓘ Verkehrsverein Saarburger Land, Tourist Information, Graf-Siegfried-Str. 32, 54439 Saarburg, Tel. 06581/81215.

Kastel-Staadt ③

Siedlung auf steilem Felssporn, auf dem Kelten wie Römer einst Zuflucht suchten.
Sehenswert ist die Klause, einst Fliehburg der Kelten (Reste der Wallmauern), seit dem 16. Jh. Einsiedelei, erreichbar zu Fuß über den Felsenwanderweg vom Saartal oder von Westen über Kastel-Staadt. Die Felskapellen wurden von Schinkel zum Grabmal König Johanns von Böhmen (1835–38) ausgebaut (di–so Karwoche bis Sept. 9–13 u. 14–18, Okt./Nov. u. Jan–So vor Ostern 9–13 u. 14–17 Uhr).
Umgebung: In *Freudenburg* (3 km südl.) bedeutende gotische Burganlage, erbaut von Johann von Böhmen (1337) als Teil eines größeren Schutzsystems zur Sicherung der Heerstraße Trier–Metz. Ebenfalls gut erhalten die Ortsbefestigung (14. Jh.).
ⓘ siehe Saarburg.

Mettlach ④

Keramikgemeinde an der Saarschleife.
Sehenswert: Ehemalige Benediktinerabtei (18. Jh., Hauptwerk Christian Kretschmars). Im 7. Jh. gegründet, nach der Säkularisation von der Familie Boch erworben (1809), ist sie seither Sitz des Keramikkonzerns. Im Park die oktogone Klosterkirche (991) nach dem Vorbild des Aachener Münsters. Alte Schätze aus dem Kloster, u.a. ein Kreuzreliquiar (13. Jh.), hütet St. Lutwinus (1902, mit reichen Mosaiken aus Mettlach).
Museen: Keramikmuseum auf Schloß Ziegelberg (April–Okt. di–so/fei 10–17 Uhr). Keravision in der Benediktinerabtei, Multivision von Villeroy & Boch sowie weitere Ausstellungen (mo–fr 9–18, sa 9–14 Uhr).
Umgebung: *Burg Monclair* (1428–39) auf der Saarschleifen-Halbinsel. Im Ortsteil *Orscholz* (7 km westl.), staatlich anerkannter Luftkurort mit Rehazentrum, Aussichtspunkt Cloef (keltisch: Klippe), Kurpark und Familien-Freizeit-Erholungswald ›Blumenfels‹. Im Ortsteil *Saarhölzbach* (6 km nördl.) Vogelfelsen mit Blick über die Saar.

ⓘ Saarschleife Touristik GmbH, Freiherr-von-Stein-Str. 64, 66693 Mettlach, Tel. 06864/8334.

Kell am See ⑤

Zum Erholungs- und Freizeitzentrum ausgebaute Ruwer-Gemeinde im Osburger Hochwald.
Sehenswert: Weihnachtskrippe (seit 1870) in der kath. Pfarrkirche St. Bartholomäus (Besichtigung über Tourist-Information).
Aktivitäten: Beheiztes Freibad, Wassertretbecken, Stausee (Bootsverleih), Angeln, Wandern, Segelflugplatz (südl.), Greifvögelflugschau im Falkenhof (tgl. 11 u. 15 Uhr).
Umgebung: Zum Teil wiedererrichtet ist die *Grimburg* (1190; 3 km südöstl.), heute landwirtschaftliches Gut *Burg Heid* (um 1850 neugotisch; 6 km westl.). In *Zerf* (13 km südwestl.) Waldlehrpfad und Heimatmuseum (Mai–Sept. so 14–16 Uhr).
ⓘ Tourist-Information, Alte Mühle, 54427 Kell am See, Tel. 06589/1044.

Hermeskeil ⑥

Verbandsgemeinde mit 12 weiteren Orten im Herzen des Naturparks Saar-Hunsrück.
Museen: Dampflokmuseum im alten Bahnbetriebswerk (April–Okt. mo–fr 10–16, sa/so/fei 10–18 Uhr; Dampflokfest Pfingsten u. 1. Sept.-Wochenende), Flugausstellung in Hermeskeil-Abtei (April–Okt. tgl. 9–18 Uhr). Naturparkhaus, Trierer Str. 51, Informationszentrum des Naturparks Saar-Hunsrück (April–Okt. di–so 14–17 Uhr).
Aktivitäten: Hallen- u. Freibad, Kneipanlage, geführte Wanderungen, Ruwertalbahn-Radweg (wohl bis 2001 abgeschl.), Planwagenfahrten; Ski- und Langlauf, Rodeln.
Umgebung: Gedenkstätte im ehem. SS-Sonderlager/KZ-*Hinzert* (6 km nördl.).
ⓘ Tourist-Information, Langer Markt 17, 54411 Hermeskeil, Tel. 06503/809204.

Waldrach ⑦

Ort der Verbandsgemeinde Ruwer am Nordrand des Osburger Hochwalds.
Sehenswert ist die Nachbildung der römischen Wasserleitung zur Versorgung Triers auf einem Parkplatz der Ruwertalstraße oberhalb des Ortes.
Museum: Eulen-Museum Kauzenburg mit über 20 000 Eulendarstellungen, Hermeskeiler Str. 9 (mi, sa, so 9–17 Uhr).
Umgebung: Vom Trierer Rittergeschlecht von der Brücke auf einem Felssporn errichtet wurde *Burg Sommerau* (13. Jh.), heute Ruine (4 km südl.). Die 50 m hohe *Riveristalsperre* (5 km südl.) staut den Trinkwassersee (5 Mio. Kubikmeter); bewaldeter Wanderweg (8 km) um den See, Baden und Wassersport nicht möglich.
ⓘ Verbandsgemeindeverwaltung Ruwer, Rheinstr. 44, 54292 Trier, Tel. 0651/5510.

Maßstab 1:200.000

0 2 4 6 8 10 km

Ein idyllisches Plätzchen ist der Marktplatz von Bernkastel-Kues.

Schon die Römer zog es an die Mittelmosel

Ganz gemächlich schlängelt sich die Mosel von Trier gen Nordosten. Schon die Römer liebten das Tal und bepflanzten seine Hänge mit Wein. Daran erinnert bis heute das berühmte Weinschiff von Neumagen-Dhron. Übrigens gibt es hier noch viele weitere Zeugen der Römerzeit. Ebenso in Longuich und Mehring, wo Römervillen eindrucksvoll rekonstruiert wurden. Zum Bummeln verführen die alten Städtchen Bernkastel-Kues und Wittlich. Und im Besucherbergwerk Fell im Nosserntal sieht man, woher die Schieferplatten auf den Häusern an der Mosel kommen.

△ Gleich neben dem Fährturm von Schweich legen die Fahrgastschiffe an zu Ausflugstouren auf der Mosel

△ Mitten in den Weinbergen liegt die römische Villa Longuich

Ein Weinkeller von vielen: Laurentius Milz in Trittenheim ▽

△ Im Besucherbergwerk Fell wurde Dachschiefer abgebaut

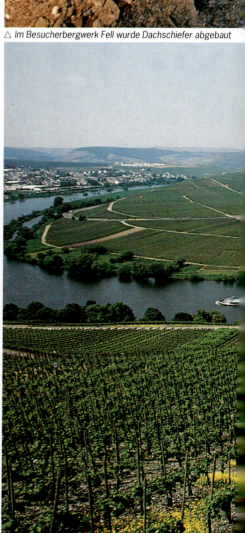

Träge schlängelt sich die Mosel durch die Weinberge, wie hier bei Trittenheim ▽

Hört man Mosel, denkt man an Wein, an Straußwirtschaften und Winzerfeste. Besonders zur ›Goldenen Herbstzeit‹ strömen die Besucher in eine der schönsten deutschen Fluß- und Weinlandschaften, an die Uferpromenaden mit den Gastgärten und in die Weinkeller. Viele Weingüter laden das ganze Jahr über zur Weinprobe und zur Besichtigung der Kelleranlagen ein, wo edler, spritziger Weißwein und perlender Winzersekt reifen.

Weinanbau seit der Römerzeit

■ Der Moselwein geht zurück auf die römischen Eroberer. Der erste Anbau geschah noch illegal, da Kaiser Domitian 92 n. Chr. verboten hatte, Wein in den neuen Provinzen anzubauen: Italiens Weinexportmonopol sollte erhalten bleiben. 282 wurde das – ohnehin nie konsequent überwachte – Verbot von Kaiser Probus aufgehoben. Der Weinanbau dehnte sich in Gallien und Germanien aus, auch entlang der Römischen Weinstraße, woran noch immer das Römische Kelterfest in Piesport erinnert.
Berühmteste Erinnerung an die lange Weinbautradition ist wohl das vollbeladene Schiff eines römischen Weinhändlers von einem Grabmal des 3. Jahrhunderts aus Neumagen-Dhron – abgebilet auf Seite 18. Weniger bekannt, dafür um so reizvoller durch ihre Lage sind die rekonstruierten Römervillen: Man findet sie mitten in den Weinbergen von Mehring und Longuich.
An der Mittelmosel wird überwiegend die Rieslingtraube geerntet, die schon im 15. Jahrhundert bekannte ›Königin der Reben‹. Ihr Wein zeichnet sich durch natürliche Spritzigkeit und fruchtig-leichtes Bukett aus, die dem mineralstoffreichen, wärmespeichernden Schieferkalk der Moselhänge zu verdanken sind.

Das Besucherbergwerk Fell

■ Der Schiefer diente auch zum Dachdecken. Rund 250 historische Dachschieferbergwerke lassen sich im Raum östlich von Trier nachweisen. Im Besucherbergwerk Fell kann man untertage Stollen, Halden, Abbaukammern besichtigen. Übertage wird gezeigt, wie der Schiefer

Historische Gasthäuser, nicht nur in Veldenz ▽

△ In Neumagen vor einer kleinen Bootstour   Direkt an der Mosel: Weingut Geierslay in Mühlheim hinter Brauneberg ▽   Einst hatten hier Nonnen das Sagen: Kloster Filzen ▽

△ Bernkastel-Kues: Von der Mosel aus gesehen, imponiert Burg Landshut, ... mittendrin das Leben in den alten Gassen ▽

zu ›blauen Leien‹ – so nennt man die landestypischen Dachplatten – weiterverarbeitet wurde. Das Besucherbergwerk ist nur eines der zwölf historischen Schieferbergwerke, die auf dem siebeneinhalb Kilometer langen Grubenwanderweg durchs Nosserntal zusammen mit zwanzig Schau- und Informationstafeln die Geschichte und Methodik des Schieferbergbaus erzählen.

Schweich, eine junge Stadt

Jung, modern, aktiv – das ist Schweich. Erst 1984 wurde dem ›Tor zur Mittelmosel‹ das Stadtrecht verliehen. Bewohnt war der Ort schon von den Kelten – damals hieß er Soiacum. Auch die Römer lebten hier, was die Grundmauern einer römischen Villa, Gräberfelder und zahlreiche Kleinfunde bezeugen. 762 schenkte die Königstochter Bertrada, Mutter Karls des Großen, den Ort dem Kloster Prüm.
Dieser Schenkung verdankt der Neuprümer Hof, heute Kulturzentrum, seine Existenz. Angeschlossen ist ein Museum über Stefan Andres, der im Alter von vier Jahren mit den Eltern nach Schweich gezogen war. In seinem Roman ›Der Knabe im Brunnen‹ erinnert er sich an seine Jugendzeit. Dem Dichterwerk wiederum gedenkt der 1978 errichtete Stefan-Andres-Brunnen im Herzen der Stadt.

Mosel-Schiffahrt im Aufwind

In Schweich legen die Fahrgastschiffe beim Alten Fährturm aus dem 18. Jahrhundert an. Das erste Mosel-Dampfschiff, aus Metz kommend, machte 1839 in Trier fest. Zwei Jahre später existierte ein regelmäßiger Personenschiffsverkehr zwischen Metz, Trier und Koblenz. Heute fahren die Ausflugsschiffe von einem hübschen Moselort zum nächsten. Rund 150 Landebrücken gibt es allein an der deutschen Mosel.
Seit Eröffnung der Großschiffahrt am 26. Mai 1964 verbindet die Mosel den (Mittel-)Rhein mit dem französischen Kanalnetz und der Saar (Saarausbau 1988 abgeschlossen). Damit ist die Mosel Durchgangswasserstraße zu den Industrieorten in Lothringen und dem Saarland geworden. 1998 registrierte allein die Schleuse Trier 14963 Schiffe, die vor allem

Im Alten Rathaus von Wittlich: moderne Meistermann-Glasfenster ▽

△ Schieferplatten bedecken auch die Dächer in dem kleinen Moselort Graach bei Bernkastel-Kues

Ürziger Würzgarten heißt eine von vielen berühmten Mosellagen ▽

△ Auch bei Zeltingen gedeiht ein prächtiger Riesling

Herz von Wittlich ist der Marktplatz mit dem Alten Rathaus ▽

Erze, Futtermittel, Baumaterial oder Getreide mit sich führten.
Rund ein Drittel des Warenverkehrs in den EU-Staaten leistet die Binnenschiffahrt. Bis 2010 – so die Sachverständigen – wird sich der Güterverkehr verdoppeln, und der Anteil der international transportierten Güter, die während der Produktion zwischen entfernten Standorten ausgetauscht werden, von heute 25 auf 70 Prozent steigen. Damit die Binnenschiffahrt mithalten kann, wurde die Mosel bis 1999 weiter vertieft.

Heimat des Nikolaus von Kues

Von den Moselorten verdient Bernkastel-Kues besonders genannt zu werden, nicht nur wegen seiner Weine und herrlichen Zeugnisse moselfränkischer Baukunst, sondern als Heimatort des Theologen und Philosophen Nikolaus von Kues. Nikolaus von Kues, der sich nach guter Humanistensitte latinisiert ›Cusanus‹ nannte, brachte es zum Fürstbischof von Brixen und schließlich sogar zum Generalvikar und päpstlichen Legaten in Rom. 1458 stiftete er seiner Heimatstadt das St.-Nikolaus-Hospital, das neben dem Weinkulturellen Zentrum – mit Weinmuseum und Vinothek mit 120 verschiedenen Moselweinen – eine Bibliothek mit über 300 Handschriften des Universalgelehrten birgt.
Sein mittelalterliches Geburtshaus am Moselufer wurde 1570 durch einen Renaissance-Neubau ersetzt. Vor wenigen Jahren versuchte man, den alten Zustand wiederherzustellen. Nun rüstet man sich zu 600-Jahr-Feier von Nikolaus von Kues 2001.

Wittlich in der Eifel

Abseits der Mosel, in der Eifel, liegt Wittlich. 1317 begann Erzbischof Balduin von Trier, der auch hier das Sagen hatte, mit dem Bau der Stadtmauer. Das romantische ›Türmchen‹ ist der letzte Zeuge. Heute bevölkern künstliche Säue – sie erinnern an eine sagenhafte Begebenheit aus dem Mittelalter – die ganze Stadt. Und bei der ›Säubrenner-Kirmes‹ durchzieht alle Jahre der verführerische Duft von am Spieß gebratenen Schweinen die Straßen. Drei Tage feiern die Wittlicher das wohl bedeutendste Volksfest zwischen Trier und Koblenz.

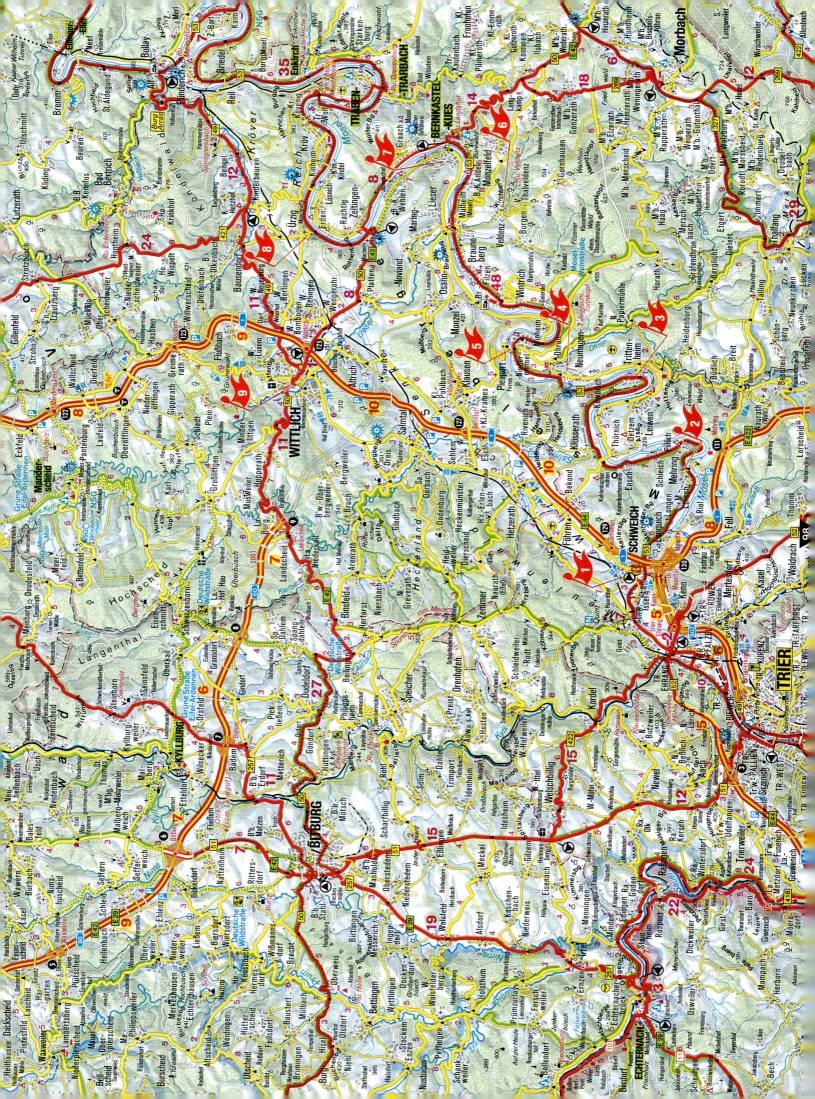

Wo gibt es was?

Fähnchennummer = Textnummer · ✆ = Auskunft

Schweich ①

In der Kleinstadt, Hauptort der Römischen Weinstraße und Sitz der Verbandsgemeinde, verläßt die Mosel das Trierer Becken. **Sehenswert:** Hisgenhaus (1758), St.-Maximiner Amtshaus (barock), Stefan-Andres-Brunnen (1978). Alter Fährturm (18. Jh.). **Museen:** Synagoge, Richtstr. 40, Kultur- und Gedenkstätte (di 14–16, do 10–12, so 15–17 Uhr). Kulturzentrum Niederprümer Hof (18. Jh.), Hofgartenstr. 26, mit Stefan-Andres- und Johannes-Haw-Museum (di 14–16, do 10–12, so 15–17 Uhr). Molitorsmühle, am Föhrenbach (Ostern–Okt. sa/so 14–17 Uhr). In *Kenn* (1 km südwestl.) Heimatmuseum (so 16–18 Uhr). **Aktivitäten:** Erlebnisbad, Moselhöhenweg nach Koblenz (150 km) und Römische Weinstraße bis *Leiwen* (18 km östl.). **Veranstaltungen:** Weinfeste (2. Sept.- u. 1. Okt.-Wochenende); in *Longuich* (1 km östl.) Weinfest (2. Aug.-Wochenende). **Umgebung:** Seit 1438 war das Schloß oberhalb von *Föhren* (7 km nördl.) Stammsitz der Grafen von Kesselstatt. Die ehemalige Wasserburg mit Wirtschaftsgebäuden und prächtigem Torbau (17. Jh.) ist Privatbesitz. In der kath. Pfarrkirche (1784) Bildnisgrabsteine der Familie von Kesselstatt. In *Longuich*, einem hübschen Ort mit autofreier Moselpromenade, ist die Alte Burg (um 1500) Schauplatz von Rittergelagen (Tel. 06502/5587). Die rekonstruierte Römervilla (2. Jh.) inmitten der Weinberge ist frei zugänglich (Führung Apr. bis Okt. so 10.30 Uhr). Bei *Fell* (6 km südöstl.) informieren Besucherbergwerk (April–Okt. tgl. 10–17 Uhr) u. Grubenwanderweg (7, 5 km) über Schieferabbau und -verwendung. ✆ Tourist-Information Römische Weinstraße, Brückenstr. 26, 54338 Schweich, Tel. 06502/407117.

Mehring ②

Reizvoller Weinort an der Mosel. **Sehenswert:** Rekonstruierte römische Villa mit Mosaikresten jenseits der Mosel (frei zugänglich, Führung so 11 Uhr), Fährturm (2. Hälfte 18. Jh.). **Heimat- und Weinmuseum**, Bachstr. 47 (mo u. fr 15–19, di u. mi 8–12, do 18–12 u. 18–20 Uhr). ✆ Heimat- und Verkehrsverein, Brückenstr. 34, 54346 Mehring, Tel. 06502/1413.

Trittenheim ③

Beliebter Weinort an der Mosel mit vielen Lokalen und Weinstuben. **Sehenswert** sind in der Ortsmitte die Skulptur für Johannes Zeller, den 1492 hier geborenen Humanisten und Naturwissenschaftler, der sich nach seiner Herkunft Johannes Trithemius nannte, die Pfarrkirche St. Clemens (1790–93) und die Lau-

rentiuskapelle im Weinberg (1583 Chor). Fährturm (Ende 18. Jh.). **Veranstaltung:** Weinfest/Laurentiuskirmes (2. Aug.-Wochenende). **Umgebung:** Moselaufwärts liegt der reizvolle Weinort *Klüsserath* (5 km nordwestl.). ✆ Tourist-Information, Moselweinstr. 55, 54349 Trittenheim, Tel. 06507/2227.

Neumagen-Dhron ④

Die Moselgemeinde, Fundort zahlreicher römischer Grabdenkmäler, deren Originale sich im Rheinischen Landesmuseum Trier befinden, gilt als Deutschlands ältester Weinort. Das Römerkastell (um 330) zur Sicherung der Straße nach Trier wurde später erzbischöfliche Burg (Petersburg). **Sehenswert:** Archäologischer Rundweg in der Ortsmitte mit Abgüssen verschiedener Denkmäler (Führungen fr 17.15, sa 10.15 Uhr). Vor der gotischen Peterskapelle (Ende 13. Jh.) Nachbildung des berühmten Neumagener Weinschiffs, Grabdenkmal eines römischen Weinhändlers. Pfarrkirche Mariä Himmelfahrt (1793) mit Turm von 1190. Zahlreiche ansehnliche Bürgerhäuser aus dem 17./18. Jh. Im Ortsteil Dhron neugotische Pfarrkirche mit reicher Austattung und interessanten Fresken. **Heimatmuseum** im ehem. Sayn-Wittgensteinschen Amtshaus von 1790 (mo, di, do, fr 9–12 u. 14–17, mi u. sa 10–12 Uhr). **Aktivitäten:** Jachthafen für 100 Sportboote; Wanderwege in der Umgebung. **Veranstaltungen:** Weinfeste (Juni–Sept.). ✆ Tourist-Information, Hinterburg 8, 54347 Neumagen-Dhron, Tel. 06507/6555.

Piesport ⑤

Bekannter Weinort an der Mosel. **Sehenswert:** Größte römische Weinkelteranlage nördlich der Alpen (3./4. Jh.), Rokoko-Pfarrkirche St. Michael (1777, Peter Miller), viele historische Häuser (16.–18. Jh.). **Veranstaltungen:** Diverse Weinfeste, u.a. Römisches Kelterfest (Okt.). ✆ Verkehrsbüro, St. Martin-Str. 27, 54498 Piesport, Tel.06507/2027.

Veldenz ⑥

Kleiner Ort in einem Seitental der Mosel. **Sehenswert:** Die Stammburg der Grafen von Veldenz (1107 erstmals erwähnt, jetzt Jugendfreizeitanlage) war bis zur Zerstörung 1680 eine der wichtigsten Anlagen der Region; die aussichtsreiche Ruine ist über einen steilen Fußweg vom Parkplatz in Thalveldenz erreichbar (frei zugänglich, Führung April–Okt. 1. Sa im Monat 16 Uhr). **Umgebung:** *Brauneberg* (2 km nördl.) mit bekannten Weinlagen mit römischer Kelteranlage und Simultanpfarrkirche St. Remigius (1776/77). Weindorf *Filzen* (3 km nordwestl.) mit ehem. Franziskanerinnen-

kloster (11./12. Jh. u.18. Jh.) mit romanischem Turm und sog. Nonnenkeller (= Grabkammer); in der Nähe Reste keltischer Burganlagen. In *Lieser* (2,5 km nordöstl.) neugotisches Schloß (1884–87) von Heinrich Theodor Schmidt für Familie Puricelli (nur Außenbesichtigung). ✆ Verkehrsamt, Hollandstr. 1, 54472 Veldenz, Tel.06534/1203.

Bernkastel-Kues ⑦

Ehemals befestigtes Weinstädtchen (Recht 1291) an der Mosel. Blüte 16./17. Jh.; seit 1905 Doppelstadt Bernkastel-Kues. **Sehenswert:** In Bernkastel Fachwerkhäuser (16./17. Jh.) am Marktplatz, Rathaus (1608), St.-Michaels-Brunnen (1606), Kurfürstliches Amts- und Kellnereigebäude (1661), Pfarrkirche St. Michael (14. Jh.), über allem Burgruine Landshut (1277). Jenseits der Mosel in Kues St.-Nikolaus-Hospital (Cusanusstift, 1453–58) mit reich ausgestatteter Hospitalskapelle und wertvoller Bibliothek, Geburtshaus des Nikolaus von Kues (1401–1464; Nikolausufer 49) und zahlreiche Villen (2. Hälfte 19. Jh.). **Mosel-Weinmuseum und Vinothek** im Weinkulturellen Zentrum, Cusanusstr. 2 (tgl. 15. April–Okt. 10–17, Nov.–14. April 14–17 Uhr). **Umgebung:** Auf der Gemarkung *Wehlen* (6 km westl.) ehem. Zisterzienserinnenkloster Machern, erste Erwähnung 1238, Kirche um 1600 (Privatbesitz). Schöner Blick auf die Mosel in *Graach* (1 km nördl.). ✆ Tourist-Information, Gestade 5, 54470 Bernkastel-Kues, Tel. 06531/4023.

Ürzig ⑧

Der Weinort an der Mosel war 1990–92 Drehort der Fernsehserie ›Moselbrücke‹. **Sehenswert:** Stattliche Fachwerkhäuser (16./17. Jh.), zum Teil mit hübschen, bunt bemalten Schnitzereien, ehemalige Klosterhöfe (16. Jh.) an der Uferstraße. ✆ Verkehrsamt, Rathausplatz, 54539 Ürzig, Tel. 06532/2620.

Wittlich ⑨

Stadt (Rechte 1291) an der Römerstraße Trier–Andernach in der Wittlicher Senke. **Sehenswert** ist der Marktplatz mit Altem Rathaus (1647) und Neubau (1922; moderne Glasfenster und Ausstellung von Georg Meistermann), prächtigem Renaissancebau ›Zum Wolf‹ (Hotel Well) und Posthalterei (1753), Wohnhäuser (16./17. Jh.), Pfarrkirche St. Markus (1708–24), Reste der Stadtbefestigung (14. Jh.), Synagoge (1909; Kulturzentrum mit Ausstellung zum jüdischen Leben in Wittlich). **Veranstaltung:** Säubrenner Kirmes (3. Aug.-Wochenende). ✆ Kulturamt, Altes Rathaus, 54516 Wittlich, Tel. 06571/4131 o. 3094.

Maßstab 1:200.000

109

Touristik-Informationen

Adressen

Trier: Tourist-Information Trier, Simeonstift, An der Porta Nigra, 54290 Trier, Tel. 0651/97808-0, Fax 44759 oder 700048, Internet: http://www.trier.de, e-mail: info@tit.de.: allgemeine Auskünfte, Prospektversand, kostenlose Reservierung von Unterkünften, Abwicklung von Pauschalangeboten, Reservierung und Organisation von Führungen, Programmen und Tagungen, Verkauf von Literatur und Souvenirs.
Umland: Fremdenverkehrsamt Trier-Land, Gartenfeldstr. 12, 54295 Trier, Tel. 0651/9798204, Fax 9798244. Für das weitere Umland Infos beim Fremdenverkehrs- und Heilbäderverband Rheinland-Pfalz, Löhrstr. 103–105, 56068 Koblenz, Tel. 0261/91520-0, Fax 9152040.

Anreise

Per Pkw: Autobahnanschluß an die A 1 und die A 48.
Flugzeug: Trier liegt 30 Autominuten vom Flughafen Luxemburg entfernt; Air-Port-Liner vom Flughafen nach Trier (Reservierung Tel. 0651/717273).
Bahn: Bundesbahnanschluß siehe Netzkarte (unten). Zugverbindung Trier–Luxemburg Hauptbahnhof im Stundentakt.

Camping

Campingpark Trier-City, 54294 Trier, Luxemburger Str. 81, Tel. 0651/86921, Fax 83079 (150 Stellplätze). Zahlreiche Campingplätze im Trierer Umland, u.a. in Saarburg, Konz, Schweich, Leiwen, Mehring und Kell am See. Auskunft bei Tourist-Information (siehe Adressen).

Essen und Trinken

In der Trierer Küche mischen sich die Einflüsse aus Frankreich mit deftiger Hausmannskost aus der Eifel und dem Hunsrück. Trierer Spezialitäten umfassen oft Kartoffeln (Grombern). Ausgezeichnet sind die Moselfische. Eßkastanien, Wildfrüchte und Pilze werden – je nach Jahreszeit – direkt vor der Haustür geerntet. Süßspeisen weisen nicht selten Riesling als Bestandteil auf. Und natürlich wird der Riesling getrunken. Das ›Zweitbeste‹ sind der Apfelwein (Viez) und Bier. Allerdings hält nur noch die Hausbrauerei Kraft im ›Blesius Garten‹ (Olewig) die alte Brautradition aufrecht.

Fahrradverleih

Radstation am Hauptbahnhof (Tel. 0651/148856), TINA-Jugendwerkstatt, Hornstr. 32 (Tel. 0651/89555). Detaillierte Radwanderkarten mit Tourenvorschlägen bei der Tourist-Information (siehe Adressen).

Familienangebote

Für Familien mit Kindern werden von der Tourist-Information eigene Programme angeboten. Dort ist auch das Kinderbuch zu den Römerbauten ›Marco in Treveris‹ erhältlich. Lokführerseminar (in Zusammenarbeit mit der Deutschen Bahn). Kinderspielplätze gibt es z.B. im Palastgarten, am Wildfreigehege/Weißhauswald. Picknick ist im Palastgarten, in Nells Ländchen, im Weißhauswald und am Moselufer erlaubt. Modellauto-Rennbahn, Metternichstr. 28–30 (Tel. 0651/149402). Im Freizeitzentrum Peterberg bei Nonnweiler (Tel. 06873/91134) 1000 Meter lange Sommer-Rodelbahn (April–Okt. geöffnet).

Feste und Veranstaltungen

Jan./Febr.: Karnevalssitzungen und Rosenmontagszug.
April: Wein- und Gourmetfestival.
Mai: Europa-Volksfest.
Juni/Juli/Aug.: Altstadtfest (Juni), Peter- und Paul-Messe (Juni/Juli), Antikenfestspiele (Juni/Juli), Kunsthandwerkermarkt an der Porta Nigra (1. Juli-Wochenende), Moselfest im Stadtteil Zurlauben (Juli), Jazz im Brunnenhof (Juli/Aug.), Elbingfest (Aug.), Trierer Weinfest im Stadtteil Olewig (Aug.), Sektgala an der Porta Nigra (Aug.).
September/Oktober: Weinmarkt (Sept.), Mosellandausstellung (Sept./Okt.).
November/Dezember: Weihnachtsmarkt.

Jugendherbergen

Jugendgästehaus Trier, An der Jugendherberge 4, 54292 Trier, Tel. 0651/146620, Fax 1466230, am Moselufer gelegen, 248 Betten. Jugendherberge Hermeskeil, Tel. 06503/3097 (105 Betten). Jugendherberge Saarburg, Tel. 06581/ 2555 (103 Betten). Zur Übernachtung ist ein Jugendherbergsausweis erforderlich.

Kultur und Nachtleben

Anspruchsvolles Drei-Sparten-Programm (Schauspiel, Ballett, Oper) im Theater Trier, Am Augustinerhof (Tel. 0651/75777). In zahlreichen Kirchen (Orgel-)konzerte. Im Kultur- und Kommunikationszentrum Tuchfabrik Trier, Weberbach/Wechselstraße (Tel. 0561/40717) finden regelmäßig Konzerte, Theateraufführungen, Ausstellungen und Kurse (Tanz, Gymnastik, Aikido) statt. Das Unterhaltungszentrum ›Riverside‹ am Verteilerkreisel, Zurmaiener Str. 173 (Tel. 0651/21006), bietet in fünf Bereichen Musik, Tanz und Gastronomie für Jung und Alt. Vielfältig sind auch die Veranstaltungen in der Europhalle am Viehmarktplatz. Hinweise und genaue Daten auf Veranstaltungen findet man in der wöchentlich erscheinenden Zeitschrift ›Rendezvous Regional‹ und in der zweimonatigen Broschüre ›IllusTRIERte‹, erhältlich bei der Tourist-Information (siehe Adressen).

Öffentliche Verkehrsmittel

Bus-Tageskarten für 1 Erwachsenen und bis zu 4 Kindern unter 15 Jahren im Stadtgebiet 7 Mark, im gesamten Verkehrsgebiet 11 Mark, Bus-Familienkarte (gültig 24

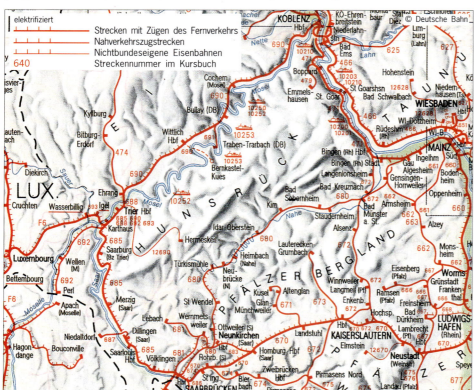

weiter auf Seite 112

Ausgewählte Hotels und Restaurants

Hotels

Erholsam und ruhig gelegen

Zummethof
Panoramaweg 1, 54340 Leiwen
Tel. 06507/93550, Fax 06507/935544
25 Zimmer, EZ 70–85 DM, DZ 98–140 DM
Restaurant, Fitneßraum, Solarium, Sauna,
Hunde erlaubt

Haus Berghof
Bergstr. 10, 54347 Neumagen-Dhron
Tel. 06507/2108, Fax 06507/2104
9 Zimmer, EZ 50–55 DM, DZ 70–90 DM

Haus Brizin
54439 Saarburg/Krutweiler
Tel. 06581/2133, Fax 06581/2155
8 Zimmer, EZ ab 45 DM, DZ ab 90 DM
Restaurant, Hunde erlaubt

Ambiente
Kettenstr. 4, 54294 Trier/Zewen
Tel. 0651/827280, Fax 0651/8272844
13 Zimmer, EZ 87–117 DM, DZ 127–157 DM
Restaurant, Fahrradverleih

Wohnen auf hohem Niveau

Brauneberger Hof
Hauptstr. 66, 54472 Brauneberg
Tel. 06534/1400, Fax 06534/1401
15 Zimmer, EZ 80–115 DM, DZ 100–150 DM
Restaurant (mo geschlossen), eigenes
Riesling-Weingut, Fahrradverleih, Reitmöglichkeit,
Hunde erlaubt

Waldhotel Sonnora
Auf dem Eichelfeld, 54518 Dreis
Tel. 06578/406, Fax 06578/1402
20 Zimmer, EZ 100–150 DM, DZ 150–300 DM
Landhaus mit großer Gartenteichanlage,
Restaurant (siehe auch Restaurants)

Villa Hügel
Bernhardstr. 14, 54295 Trier
Tel. 0651/33066, Fax 0651/37958
34 Zimmer, EZ 120–160 DM, DZ 170–245 DM
Hoteleigenes Hallenbad, Solarium, Sauna,
Fahrradverleih

Europa Congreßhotel
Metzer Allee 89, 54295 Trier
Tel. 0651/93770, Fax 0651/9377-333
100 Zimmer, EZ 165–185 DM, DZ 245–285 DM
Restaurant, Hunde erlaubt

Dorint Hotel Porta Nigra
Porta-Nigra-Platz 1, 54292 Trier
Tel. 0651/27010, Fax 0651/2701170
104 Zimmer, EZ 184–224 DM, DZ 285–325 DM
Restaurant, Fahrradverleih

Hier wird Sport groß geschrieben

Moselpark
Im Kurpark, 54470 Bernkastel-Kues
Tel. 06531/5080, Fax 06531/508612
98 Zimmer, EZ 145–179 DM, DZ 198–278 DM
Hallenbad, Fitneßraum, Solarium, Sauna, Beauty-
farm, 2 Tennisplätze, 2 Kegelbahnen, Fahrradverleih, Reitmöglichkeit, Restaurant, Hunde erlaubt

Tulip Inn Trier
Zurmaiener Str. 164, 54292 Trier
Tel. 0651/9280, Fax 0651/9282222
203 Zimmer, EZ 125–200 DM, DZ 200–250 DM
Hoteleigenes Hallenbad, Fitneßraum,
Solarium, Sauna, Fahrradverleih, Restaurant,
Hunde erlaubt

Eurener Hof
Eurener Str. 171, 54294 Trier/Euren
Tel. 0651/82400, Fax 0651/800900
67 Zimmer, EZ 120–148 DM, DZ 168–206 DM
Restaurant, hoteleigenes Hallenbad, Solarium,
Sauna, Golfplatz mit 36 Löchern, Hunde erlaubt

Mitten im Zentrum

Römischer Kaiser
Am Porta-Nigra-Platz 6, 54292 Trier
Tel. 0651/97700, Fax 0651/977099
43 Zimmer, EZ 130–150 DM, DZ 190–210 DM
Restaurant

Altstadt Hotel
Am Porta-Nigra-Platz, 54290 Trier
Tel. 0651/48041, Fax 0651/41293
56 Zimmer, EZ 110–150 DM, DZ 170–210 DM

Aulmann
Fleischstr. 47–48, 54290 Trier
Tel. 0651/9767-0, Fax 0651/9767-102
66 Zimmer, EZ 80–170 DM, DZ 120–220 DM

Kessler
Brückenstr. 23, 54290 Trier
Tel. 0651/978170, Fax 0651/9781797
21 Zimmer, EZ 90–150 DM, DZ 120–220 DM,
1 Siute, 1 Appartement

Preiswert und empfehlenswert

Mosel-Hotel
Uferallee 3, 54470 Bernkastel-Kues/Wehlen
Tel. 06531/8527, Fax 06531/1546
16 Zimmer, EZ 40–90 DM, DZ 70–160 DM
Restaurant

Schons
Merzlicher Str. 8, 54329 Konz
Tel. 06501/92960, Fax 06501/929650
34 Zimmer, EZ 50–88 DM, DZ 88–120 DM
Restaurant, Hunde erlaubt

Haus Grefen
Brückenstr. 31, 54338 Schweich
Tel. 06502/92400, Fax 06502/9240-40
22 Zimmer, EZ 50–90 DM, DZ 95–150 DM
Restaurant (so ab 15, mo ab 17 Uhr geschl.),
Fahrradverleih, Hunde erlaubt

Constantin
St. Barbara-Ufer 1–2, 54290 Trier
Tel. 0651/97857-0, Fax 0651/97857-57
15 Zimmer, EZ ab 70 DM, DZ ab 130 DM
Hunde erlaubt

Weinhaus Becker
Olewiger Str. 206, 54295 Trier/Olewig
Tel. 0651/93808-0, Fax 0651/93808-88
18 Zimmer, EZ 80–95 DM, DZ 140–160 DM
Restaurant (siehe auch Restaurants)

Zur Post
Ruwerer Str. 18, 54292 Trier/Ruwer
Tel. 0651/5100, Fax 0651/57773
19 Zimmer, EZ 70–90 DM, DZ 105–140 DM
Restaurant, Hunde erlaubt

Kugel
Kirchenstr. 17, 54294 Trier/Zewen
Tel. 0651/827730, Fax 0651/8277310
20 Zimmer, EZ 45–80 DM, DZ 65–110 DM
Restaurant, Hunde erlaubt

Restaurants

Speisen auf hohem Niveau

**Waldhotel Sonnora
L'Art de Vivre-Restaurant**
Auf dem Eichelfeld, 54518 Dreis
Tel. 06578/406 und 98220, Fax 06578/1402
Ruhetag mo, di, Hauptgericht 55 DM im
Durchschnitt, Menü ca. 145–175 DM

Chez Claude
Am Kruterberg 14, 54439 Saarburg/Krutweiler
Tel. 06581/2133, Fax 06581/2155
Ruhetage di und mi mittags, Hunde erlaubt,
Terrasse, Hauptgericht 35 DM im Durchschnitt,
Menü ab ca. 45 DM

Schloß Monaise
Schloß Monaise 7, 54294 Trier
Tel. 0651/828670, Fax 0651/9980901
Hauptgericht 30 DM im Durchschnitt,
Menü ca. 50–98 DM

Pfeffermühle
Zurlaubener Ufer 76, 54292 Trier
Tel. 0651/26133, Terrasse, geschlossen so,
mo mittags, Hauptgericht 45 DM im Durchschnitt, Menü ca. 56–120 DM

Kupfer-Pfanne
Ehranger Str. 200, 54293 Trier/Ehrang
Tel. 0651/66589, Fax 0651/66589
Terrasse, geschlossen do und sa mittags,
Hauptgericht 35 DM im Durchschnitt,
Menü ab ca. 73 DM

Hier stimmt alles

Restaurant im Hotel Alte Villa
Saarstr. 133, 54290 Trier
Tel. 0651/938120, Fax 0651/9381212
Hunde erlaubt, Hauptgericht 30 DM im
Durchschnitt, Menü ca. 40–80 DM

Weinhaus Becker
Olewiger Str. 206, 54295 Trier/Olewig
Tel. 0651/93808-0, Fax 0651/93808-88
geöffnet abends, so/fei auch mittags, Hauptgericht
42 DM im Durchschnitt, Menü ca. 49–86 DM

Regionale und preiswerte Speisen

Landshut's Restaurant im Hotel Burg Landshut
Gestade 11, 54470 Bernkastel-Kues
Tel. 06531/3019, Fax 06531/7387
Gartenlokal, Hunde erlaubt, Hauptgericht
um 20 DM, Menü ca. 21–70 DM

Restaurant im Hotel St. Michael
Kirchstr. 3, 54427 Kell
Tel. 06589/91550, Fax 06589/915550
Gartenlokal, Hunde erlaubt, Hauptgericht 20 DM
im Durchschnitt, Menü ca. 17–60 DM

Restaurant im Hotel Alt-Conz
Gartenstr. 8, 54329 Konz
Tel. 06501/93670, Fax 06501/7775
Gartenlokal, geschlossen mo mittags, Hauptgericht
25 DM im Durchschnitt, Menü ca. 22–75 DM

Zur Linde
Cerisiersstr. 10, 54340 Longuich
Tel. 06502/5582, Fax 06502/7817
Terrasse, Ruhetag mo, Hauptgericht 23 DM im
Durchschnitt, Menü ca. 22–50 DM

Restaurant im Hotel Weis
Eitelsbacher Str. 4, 54318 Mertesdorf
Tel. 0651/95610, Fax 0651/9561150
Eigenbauweine, Hauptgericht 23 DM im
Durchschnitt, Menü ca. 24–89 DM

Zum Anker
Moselstr. 14, 54347 Neumagen-Dhron
Tel. 06507/6397, Fax 06507/6399
Terrasse, Ruhetag mi, Hauptgericht 24 DM
im Durchschnitt, Menü ca. 36–100 DM

Burg-Restaurant
Auf dem Burgberg 1, 54439 Saarburg
Tel. 06581/993818
Ruhetag di, Hauptgericht 25 DM im Durchschnitt,
Menü ca. 40–85 DM

Zum Domstein
Hauptmarkt 5, 54290 Trier
Tel. 0651/74490, Fax 0651/74499
Gartenlokal, Hauptgericht 15 DM im Durchschnitt

Krone Riesling
Moselpromenade 9, 54349 Trittenheim
Tel. 06507/9263-0, Fax 06507/9263-40
Terrasse, Ruhetag di, Hauptgericht 25 DM im
Durchschnitt, Menü ca. 25–65 DM

Weinlokale mit Tradition

Doctor Weinstuben
Hebegasse 5, 54470 Bernkastel-Kues
Tel. 06531/6081, Fax 06531-6296
Hauptgericht 25 DM im Durchschnitt,
Menü ca. 50–90 DM

Weinhaus Liesertal
Moselstr. 39, 54484 Maring-Noviand
Tel. 06535/848, Fax 06535/1245
Terrasse, Ruhetag mo, Hauptgericht 25 DM
im Durchschnitt, Menü ca. 20–70 DM

Grünhäuser Mühle
Hauptstr. 4, 54318 Mertesdorf
Tel. 0651/52434, Fax 0651/53946
Terrasse, nur abends, Ruhetag di, Hauptgericht
35 DM im Durchschnitt, Menü ca. 45–75 DM

Gutshotel Reichsgraf von Kesselstatt
Balduinstr. 1, 54347 Neumagen-Dhron
Tel. 06507/2035, Fax 06507/5644
Hauptgericht 35 DM im Durchschnitt,
Menü ca. 48–78 DM

Klosterschenke
Klosterstr. 10, 54293 Trier/Pfalzel
Tel. 0651/968440, Fax 0651/9684430
Gartenlokal, Hauptgericht 28 DM im Durchschnitt,
Menü ca. 35–79 DM

Stand: Oktober 1999

Von Varta-Experten geprüft; weitere Adressen im
Varta-Führer (im Buchhandel erhältlich)

Touristik-Informationen

Stunden bzw. zu Wochenenden sa und so) für 2 Erwachsene und bis zu 4 Kinder 10,50 und 17,50 Mark. Die Karten sind in den Stadtbussen erhältlich. Kabinenbahn vom Zurlaubener Ufer nach Weißhaus (Ostern–Mitte Nov. tgl. 9–18 Uhr).

Parkhäuser

Porta-Nigra-Parkhaus, Engelstraße; Kaufhof-Parkhaus, Moselstraße; Treviris-Parkhaus, Walramsneustraße; City-Parkhaus, Metzelstraße; Tiefgarage Viehmarkt, Viehmarktplatz; Tiefgarage Konstantin, Konstantinstraße, Tiefgarage Mustor, Mustorstraße; Park-und-Ride-Parkplatz Messepark; Park-und-Ride-Parkplatz Riverside, Verteilerkreisel, Zurmaiener Straße.

Rundflüge und Ballonfahrten

Rundflüge vom Flugplatz Föhren bei Trier, 54343 Föhren (Tel. 06502/2999). Ballon Reisen Moselland, Im Flürchen 7, 54338 Schweich (Tel. 06502/99080).

Schiffahrt

Fahrgastschiff ›Wappen von Trier‹ von Trier-Zurlauben: nach Pfalzel Anfang Mai bis Mitte Okt. ab 11 Uhr mehrmals tgl.; nach Bernkastel-Kues ab 9.15 Uhr (Tel. 02673/1515). Mit der MS ›Princesse Marie-Astrid‹ auf der Mosel bis nach Bernkastel-Kues und nach Luxemburg von Mitte Juli bis Mitte Sept. (Auskunft in Luxemburg: 00352/758275). Weitere Anbieter von Mosel-Schiffsfahrten und Infos über Schiffsanmietung bei der Tourist-Information (siehe Adressen). Für Fahrten auf der Saar Auskunft unter Tel. 06581/99188. Auf Mosel, Saar und Sauer sind auch Kanutouren (mit Verleih) möglich.

Shopping

Die Trierer Altstadt lädt geradezu zum Bummeln und Einkaufen ein. Denn ein Großteil ist Fußgängerzone mit zahlreichen Geschäften, Cafés und Restaurants. Die Hauptgeschäftsstraßen sind Hauptmarkt, Simeonstraße, Fleischstraße, Nagelstraße, Brotstraße, Grabenstraße.

Spielcasino

Die Spielbank Trier findet man im Dorint-Hotel gegenüber der Porta Nigra (tgl. ab 19 Uhr).

Sport

Angeln: Gegen Vorlage eines gültigen Fischereischeins erhält man einen Angelschein (8 Mark pro Tag) für Saar und Mosel (Detzem bis Sauermündung) bei der USW-Warenvertriebsgesellschaft Land GmbH, Bahnhofsplatz 8, 54290 Trier, Tel. 0651/25190. Für Stausee Kell (10 Mark pro Tag) Tel. 06589/7528.
Golf: Golf-Club Trier Mosel e.V. (18 Loch, Par 72), 54340 Ensch-Birkenheck, Tel. 06507/993255. Golf Resort Bitburger Land (18 Loch, Par 72, Übungsanlagen für Anfänger), 54636 Hermesdorf, nähe Stausee Bitburg, Tel. 06527/92720.
Inline-Skaten: Inline-Skates-Verleih bei skate away am Messepark (Tel. 0651/309082); Skatebahn auch in Konz (neben Rohrscheider Hof).
Reiten: Viele Möglichkeiten rund um Trier.
Tennis: Zahlreiche Tennisplätze innerhalb des Stadtgebiets und im Umland.
Wandern/Radwandern: Gut ausgebaute und ausgeschilderte Wander- und Radwanderwege in den Flußtälern von Mosel, Saar, Ruwer, Kyll und Sauer sowie in den Höhen von Hunsrück und Eifel. Jeden Samstag und Sonntag geführte Wanderungen durch die Ortsgruppe Trier des Eifelvereins (Tel. 0651/42141) und des Hunsrückvereins (Tel. 0651/40348).
Wassersport: Hallenbad, Südallee (ganzjährig geöffnet), Freibäder Trier-Süd, An der Härenwies, Trier-Nord, Zurmaiener Str. 122. Freibäder, Erlebnisbäder und Badeseen in der Umgebung.

Stadtbesichtigungen

Die Tourist-Information, Buchung und Startpunkt, bietet folgende Stadtführungen: Stadtrundgänge von 2 Stunden (April–Okt. tgl. 11 u. 14 Uhr in Deutsch, 13 Uhr in Englisch), Stadtrundfahrten von 2 Stunden (April–Okt. tgl. 10.30 u. 14.30 Uhr), Rundfahrten mit dem ›Römer-Express‹, Fahrzeit ca. 30 Minuten (April–Okt. tgl. ca. 11–18 Uhr, alle 20–25 Min., Nov., Dez., März nur sa/so). Ab Simeonstiftplatz Rundfahrten mit Triers ›größtem Cabrio‹ (März–Okt.; Abfahrtszeiten bei Tourist-Information erfragen).

Etwa 30 Minuten dauert die Stadtrundfahrt mit dem ›Römer-Express‹ von der Tourist-Information an der Porta Nigra durch Trier.

Einmalig in Deutschland ist eine Stadtführung für Blinde, wozu auch ein Buch in Blindenschrift mit Grundrißzeichnungen erschienen ist (mit Kasette/CD). Stadtführer für Behinderte.

Trier-Card

Die Trier-Card bietet freien Eintritt in sechs Museen (außer Sonderausstellungen) sowie Ermäßigungen auf Stadtrundgang/-fahrt, für ›Römer-Express‹, Römerbauten, Theater, Freibäder, Schiffsausflüge u.a. Besitzer der Trier-Card plus haben zusätzlich noch freie Fahrt auf allen Linien der Verkehrsbetriebe der Stadt Trier. Gültigkeitsdauer drei Tage, gegen Vorlage des Buchungsnachweises für die Dauer des Aufenthalts. Einzelpreis 17 bzw. 25 Mark, Familienkarte (2 Erwachsene + bis zu 3 Kindern) 32 bzw. 44 Mark, erhältlich bei der Tourist-Information (siehe Adressen).

Weinproben

Verschiedene Weingüter und Sektkellereien bieten Weinproben mit Kellerbesichtigungen für Gruppen nach vorheriger Vereinbarung an. Für Einzelpersonen mo, mi, do 14.30 Uhr bei der Güterverwaltung der Vereinigten Hospitien, Krahnenufer 19, Tel. 0651/9451210. Die Weininformation Trier an der Porta Nigra, Simeonstiftplatz, bietet Weine und Sekte aus der Region zum Probieren an und hat einen Verkauf. In den Sommermonaten gibt es einen Weinstand am Hauptmarkt. Weinlehrpfade findet man am Petrisberg und in mehreren Weinorten. Alljährlich neu erscheint der Mosel-Saar-Ruwer-Weinreiseführer, zu erwerben bei der Tourist-Information (siehe Adressen).

Wetterdaten

Trier	Tagestemp. max.	Nachttemp. min.	Tage mit Niederschlag	Sonnenstunden pro Tag
Januar	4°	–1°	12	2
Februar	6°	0°	10	3
März	10°	2°	12	4
April	14°	5°	10	5
Mai	19°	9°	12	7
Juni	22°	12°	11	7
Juli	24°	14°	10	7
August	24°	13°	10	7
September	20°	10°	9	5
Oktober	15°	7°	9	3
November	8°	3°	12	2
Dezember	5°	0°	12	1

Quelle: Deutscher Wetterdienst, Hamburg

Register

(Fettgedruckte Ziffern verweisen auf Autoatlas und Stadtplan, unterstrichene Ziffern auf Abbildungen)

Trier (Stadt)

Alte Schmiede 25, **28**, 29
Amphitheater 73, 73, 75, **76**, 77
Balduinbrunnen **28**, 29
Barbarathermen 62, 63, **64**, 65
Barockbau **28**, 29
Basilika 44, 45, 50, **54**, 55
Bischöfliches Palais 49, 55 (Liebfrauen)
Brotstraße 41 (St. Gangolf), 112
Brunnen des Handwerks 36, 41 (Viehmarktplatz)
Brunnenhof, auch Café/Restaurant 5, 19, 22, 25, **28**, 29, 110
Casino 41 (Kornmarkt)
Deutschordenshaus 65 (St. Martin)
Domfreihof 39, 42/43, 44, **54**, 55
Domfreihof 48, 49, 55 (Domfreiheit)
Domherrenhöfe 49, 55 (Domfreiheit)
Drachenhaus 82, 87 (Weißhaus)
Dreikönigenhaus 24, 27, **28**, 29
Euro Info Center 19
Europa Congreßhotel 19, 73, 77 (Herrenbrünnchen), 111
Europahalle 41 (Viehmarkt), 110
Europäische Akademie des Rheinland-Pfälzischen Sports 19
Europäische Akademie für Bildende Kunst 19, 78/79, 85, **86**, 87
Europäische Rechtsakademie/Congreß-Center 19, 72, 73, 77 (Herrenbrünnchen)
Europäisches Tourismus Institut 19
Fleischstraße 36, 41 (Kornmarkt), 112
Frankenturm 27, 27, **28**, 29
›Geele Box‹ 48, 49
Glockenstraße 26, 27, **28**, 29
Grabenstraße 112
Hafen 19, 59
Hauptmarkt 1, 18, 27, 30/31, 32, 33, 33, **40**, 41, 112
Haus Hermes 24, 29 (Simeonstr.)
Haus Neustr. 83 41 (Karl-Marx-Haus)
Helenenmauer 47, 55 (Domfreiheit)
Herrenbrünnchen 72, 73, 76, 77
Heuschreckenbrunnen 41 (Spielzeugmuseum)
Historischer Keller **28**, 29
Judenviertel 25, 27, **28**, 29
Kaiserthermen 8/9, 52, 53, **54**, 55, 63, 75
Kathol. Akademie 87 (Markusberg)

Kirchen/Klöster (ehem.)

Dom St. Peter 12/13, 33, 35, 44, 45, 45, 46, 47, 47, 48, 49, **54**, 55, 61
Heiligkreuzkapelle 71, 71, **76**, 77
Jesuitenkolleg 34, 37, **40**, 41
Liebfrauenkirche 12/13, 44, 46, 45, 49, **54**, 55
Mariahilfkapelle 87 (Markusberg)
St. Antonius 38, 41 (Viehmarkt)
St. Gangolf 32, 33, 33, 35, **40**, 41, 44
St. Irminen 62, **64**, 65
St. Martin **64**, 65
St.-Martin-Kirche 62, 65 (St. Martin)

(Fortsetzung Trier, Kirchen/Klöster)
St. Matthias 66/67, 68, 69, 69, **76**, 77
St. Maximin 69, **76**, 77
St. Paulin 3, 47, 69, 70, 71, **76**, 77
St.-Paulus-Kirche 65 (St. Martin)
Simeonstift 25, **28**, 29, 69
Kornmarkt 34, **40**, 41
›Krim‹, Lokal 26, 27
Kurfürstlicher Palast 45, 50, 51, 54, 55, 110
Löwenapotheke 41 (Hauptmarkt)
Mariensäule 87 (Markusberg)
Markusberg 85, **86**, 87
Marktbrunnen 6/7, 32, 35
Marktkreuz 18, 32, 41 (Hauptmarkt)
Messepark 80, **86**, 87, 113
›Mohrenkopf‹, Café 83, 87 (Markusberg)
Monaise, Schloß 80, 81, 83, **86**, 87, 111
Moselkräne 61, 63, **64**, 65
Moselstadion **64**, 65

Museen

Archäologische Original-Abguß-sammlung 77 (Universität)
Bischöfliches Museum **54**, 55
Domschatzkammer 55 (Dom St. Peter)
Funkmuseum **86**, 87
Karl-Marx-Haus 37, **40**, 41
Rheinisches Landesmuseum 51, 52, 53, 54, 55, 81, 109 (Neumagen-Dhron)
Spielzeugmuseum 36, **40**, 41
Städtisches Museum 23, 25, **28**, 29, 41 (Hauptmarkt), 55 (Kurfürstlicher Palast), 63
Thermenmuseum 39, 41 (Viehmarktplatz)

Nagelmuseum 36, 112
Nells Ländchen 18, 61, **64**, 65, 110
Olewig 74, **76**, 77, 110, 111
Palais Kesselstatt 42/43, 49, 49, 51, 55 (Liebfrauen)
Palais Walderdorff 48, 49, 55 (Domfreiheit)
Palais Warsberger Hof **28**, 29
Palastgarten siehe Kurfürstlicher Palast
Petrisberg **76**, 77, 112
Porta Nigra 5, 20/21, 22, 23, 23, 24, 25, **28**, 29, 69, 71, 75, 110, 113, 113
Postamt 41 (Kornmarkt)
Pranger 41 (St. Gangolf)
Rathaus 41 (Viehmarktplatz)
Renaissance-Häuser 32, 41 (Hauptmarkt)
›Riverside‹, Unterhaltungszentrum 61, 65 (Nells Ländchen), 110
Römerbrücke **64**, 65
Roter Turm 55 (Basilika)
Rotes Haus 36, 41 (Hauptmarkt)
St. Georgsbrunnen 34, 41 (Kornmarkt)
Sektkellerei Bernard-Massard 26, 39
›Sim‹, Bistro **28**, 29
Simeonstraße 24, 25, 27, **28**, 29, 33, 39
Stadtbibliothek 34, 35, 39, **40**, 41
Stadtmauer 55 (Rheinisches Landesmuseum), 61
Stadttheater 41 (Viehmarktplatz), 75, 110
Steipe 30/31, 32, 33, 39, 41 (Hauptmarkt)

(Fortsetzung Trier)
Stockstraße 26, 27, 29 (Judenviertel)
Trebetabrunnen 32, 33, **40**, 41
Tuchfabrik, Kultur- und Kommunikationszentrum 110
Universität Tarforst 19, 74, 75, 75, **76**, 77
Viehmarktplatz 38, **40**, 41
Weißhaus 82, **86**, 87, 110, 112
Zurlauben 10/11, 56/57, 58, 59, 59, 60, **64**, 65, 110, 112, 113

Umgebung

Bernkastel-Kues 16/17, 100/101, 105, 107, **108**, 109, 111, 112
Beurig 99 (Saarburg)
Braunenberg 109 (Veldenz), 111
Dreis 111
Ehrang 111
Eitelsbach 83, 87 (Ruwer)
Euren 111
Fell 102, 103, 109 (Schweich)
Filzen 104, 109 (Veldenz)
Föhren 109 (Schweich), 112
Freudenburg 95, 99 (Kastel-Staadt)
Graach 19, 106, 109 (Bernkastel-Kues)
Grimburg 96, 97, 99 (Kell a. See)
Heid, Burg 97, 97, 99 (Kell a. See)
Hermeskeil 96, 97, **98**, 99, 110
Hinzert 99 (Hermeskeil)
Igel 81, 81, **86**, 87
Kasel 83, 87 (Ruwer)
Kastel-Staadt 93, 95, **98**, 99
Kell am See **98**, 99, 110, 111, 112
Kenn 109 (Schweich)
Klüsserath 109 (Trittenheim)
Konz 90, 91, 91, 93, **98**, 99, 110, 111, 112
Leiwen 109 (Schweich), 110, 111
Lieser 109 (Veldenz)
Longuich 102, 103, 109 (Schweich), 111
Maring-Noviand 111
Mehring 103, **108**, 109
Mertesdorf 111
Mettlach 14/15, 94, 95, 95, **98**, 99
Monclair, Burg 99 (Mettlach)
Mühlheim 104
Neumagen-Dhron 18, 51, 103, 104, **108**, 109, 111
Nonnweiler 110
Orscholz 99 (Mettlach)
Pfalzel 84, 85, 85, **86**, 87, 111, 112
Piesport 103, **108**, 109
Quint, Schloß 82, **86**, 87
Ruwer **86**, 87, 111
Saarburg 88/89, 92, 93, 93, **98**, 99, 110, 111
Saarhölzbach 99 (Mettlach)
Schweich 102, 105, **108**, 109, 110, 111, 112
Serrig 99 (Saarburg)
Sommerau, Burg 99 (Waldrach)
Tawern 91, **98** (Konz)
Trittenheim 102, **108**, 109, 111
Urzig 106, **108**, 109
Veldenz 104, **108**, 109
Waldrach **98**, 99
Wehlen 109 (Bernkastel-Kues), 111
Wittlich 106, 107, 107, **108**, 109
Zeltingen 107
Zerf 99 (Kell am See)
Zewen 111

Zeichenerklärung Karten

Autoatlas

Autobahn mit Anschlußstelle
Autobahn in Bau - geplant
Tankstelle, mit Kleinraststätte
- Parkplatz - Rasthaus, mit Motel
Vier- o. mehrspurige Straße - in Bau - geplant
Bundesstraße - in Bau - geplant
Wichtige Hauptstraße - in Bau - geplant
Hauptstraße - in Bau - geplant
Nebenstraße - in Bau
Sonstige Straßen, nur bedingt befahrbar
Fahrweg - Fußweg
Autobahn-, Bundesstr.-, Europastraßennummer
Bedarfsumleitung für den Autobahnverkehr
Entfernungen an Autobahnen in km
Entfernungen an übrigen Straßen in km
Eisenbahn mit Bahnhof und Haltepunkt
Eisenbahn (nur Güterverkehr) - Industriebahn
Flugplatz - Segelflugplatz
Besonders sehenswerter Ort
Sehenswerter Ort
Besonders sehenswertes Bauwerk
Sonstige Sehenswürdigkeit
Wo-gibt-es-was ? - Hinweis
Landschaftlich schöne Strecke
Touristenstraße
Naturpark - Naturschutzgebiet - Aussichtspunkt
Botan. Garten
Burg, Schloß - Klöster - Ruinen
Sehenswerte Kirche - Kirche - Kapelle
Forsthaus - Markanter Nadel-, Laubbaum
Aussichtsturm - Wasserturm - Funk- o. Fernseht.
Windmühle - Wassermühle - Erdölförderpumpe
Höhle - Denkmal
Alleinstehendes Hotel oder Gasthaus - Motel
Schutzhütte - Jugendherb. - Naturfreundeh.
Parkplatz
Campingplatz ganzjährig, - nur im Sommer
Strandbad - Schwimmbad - Heilbad
Stadion - Sportplatz
Wald - Sperrgebiet
Staatsgrenze mit Grenzübergang
Ländergrenze - Kreisgrenze

Stadtplan

Schnellstraße
Durchgangsstraße
Fahrweg (ausgebauter Weg)
Feld- und Waldweg (nicht ausgebaut)
Eisenbahn mit Bahnhof u. Brücke
Fußgängerzone
Kabinenschwebebahn für Personen
Kirche - Krankenh. - Parkp. - Parkh. - Tiefg.
Feuerwehr - Polizei - Schule
Campingplatz - Jugendherberge
Post - Försterei - Turm
Öffentliches Gebäude - Bebauung
Christlicher Friedhof
Wo-gibt-es-was ? - Hinweis

Impressum

1. Auflage 1999
Verlag: HB Verlags- und Vertriebs-Gesellschaft mbH, Alsterufer 4, 20354 Hamburg, Postfach 300660, 20347 Hamburg, Telefon 040/4151-04, Telefax 040/4151-1852, Internet http://www.hb-verlag.de
Geschäftsführer: Kurt Bortz, Dr. Joachim Dreyer, Dr. Brigitte Nimnate © HB Verlags- und Vertriebs-Gesellschaft mbH, 1999, für den gesamten Inhalt, soweit nicht anders angegeben
Redaktion und Produktion: Harksheider Verlagsgesellschaft mbH, Fabersweg 1, 22848 Norderstedt, Telefon 040/528862-0, Telefax 040/5234056, E-mail HVgmbh@aol.com
Redaktion: Ulrike Klugmann (verantwortlich), Dr. Johannes Bohmann, Helga Schnehagen, Christoph Schumann **Redakteurin dieser Ausgabe:** Helga Schnehagen
Text und Bildrecherche: Dr. Cornelia Oelwein, Ilmmünster **Exklusiv-Fotografie:** Urs Kluyver, Hamburg
© Die Reproduktion der Abbildungen auf Seite 52 unten rechts und Seite 53 entstand mit freundlicher Genehmigung des Rheinischen Landesmuseums Trier
Layout: Rolf Bünermann, Gütersloh **Karten:** © Mairs Geographischer Verlag; Stadtpläne: Haupka, Bad Soden
HB-Bildatlas Fotoservice: Harksheider Verlagsgesellschaft mbH, Fabersweg 1, 22848 Norderstedt, Telefon 040/528862-22, Telefax 040/5234056

Für die Richtigkeit der in diesem HB-Bildatlas angegebenen Daten - Adressen, Öffnungszeiten usw. - kann der Verlag keine Garantie übernehmen.
Nachdruck, auch auszugsweise, nur mit vorheriger Genehmigung des Verlages. Erscheinungsweise: monatlich

Anzeigenalleinverkauf: KV Kommunalverlag GmbH, Postfach 810565, 81905 München, Telefon 089/928096-24, Telefax 089/928096-20
Vertrieb Zeitschriftenhandel: Partner Pressevertrieb GmbH, Postfach 810420, 70521 Stuttgart, Telefon 0711/7252-227, Telefax 0711/7252-310
Vertrieb Abonnement und Einzelhefte: Zenit Pressevertrieb GmbH, Postfach 810640, 70523 Stuttgart, Telefon 0711/7252-198, Telefax 0711/7252-333
Vertrieb Buchhandel: Mairs Geographischer Verlag, Marco-Polo-Zentrum, 73760 Ostfildern, Telefon 0711/4502-0, Telefax 0711/4502-340
Reproduktionen: Otterbach Repro GmbH & Co., Rastatt **Druck und buchbinderische Verarbeitung:** Echter Würzburg. Printed in Germany

ISBN 3-616-06103-2

Nordportugal

Von Lissabon nach Norden: Portugal hört nicht am Tejo auf

Foto: Vorbereitungen zur traditionellen Regatta in Aveiro

▬ Portugal? Das sind Algarve und Lissabon, die Blumeninsel Madeira, vielleicht noch die Weinstadt Porto ... Hand aufs Herz: Über das Land im Südwesten Europas wissen die meisten von uns weniger zu sagen als über jede einzelne Balearen-Insel oder die Städte der Toskana. Liegt es an der Sprache, die fremder klingt als Italienisch oder Spanisch? An den großen Entfernungen? Daran, daß Portugal selbst jahrhundertelang nur zum Atlantik blickte und Europa den Rücken zukehrte?

▬ Der HB-Bildatlas Nr. 203 blättert Bilder eines Landes auf, dessen Reichtum – landschaftlich wie kulturell – verblüfft. Von der Expo-Stadt Lissabon führt er in den Norden: an den Stränden der ›Silberküste‹ und ›Smaragdküste‹ entlang, durch grüne ›Serras‹ und zerklüftete ›Montanhas‹ aus Granit und Schiefer, durch ›Planícies‹, Ebenen, genanntes Hinterland bis hinauf zur spanischen Grenze am Rio Minho. Coimbra, Portugals Oxford, ›Weltkulturerbe‹-Bauten in Mafra, Batalha und Tomar, alte Mauern in Óbidos und Bragança, Fußball, Wein und brasilianisches Flair in Porto, Metropole des Nordens ebenso wie der Einwanderer aus den einstigen Kolonien – das sind einige Höhepunkte dieser Reise.

▬ 1998 trafen mehr als 11 Millionen ausländische Urlauber in Portugal ein. 80 Prozent davon besuchten Algarve, Madeira und Lissabon, 20 Prozent verteilten sich auf den ›Rest‹, d.h. in erster Linie den Norden jenseits des Tejo. Warum sich nicht dieser Minderheit anschließen? Allein die prachtvollen Fotos des HB-Bildatlas Nr. 203 sind Anreiz genug.

Lieferbare Ausgaben

DEUTSCHLAND
- 93 Allgäu
- 198 Altmühltal
- 108 Bayerisch Schwaben · Augsburg · Nördlingen
- 107 Berlin
- 185 Bodensee
- 111 Brandenburg
- 178 Chiemgau · Berchtesgadener Land
- 145 Dresden · Sächsische Schweiz
- 116 Düsseldorf
- 121 Eifel · Aachen
- 133 Elbe und Weser · Nordseeküste
- 171 Erzgebirge · Vogtland · Chemnitz
- 190 Fichtelgebirge · Frankenwald · Coburger Land
- 65 Frankfurt
- 125 Fränkische Schweiz
- 131 Hamburg
- 131 Hamburg, English Edition
- 73 Hannover · Braunschweiger Land
- 129 Harz
- 188 Hessisches Bergland
- 90 Hunsrück · Naheland · Rheinhessen
- 103 Köln
- 101 Lüneburger Heide
- 137 Mainfranken · Steigerwald · Haßberge
- 99 Mecklenburg-Vorpommern
- 151 Mittelfranken · Ansbach · Rothenburg · Nürnberg
- 135 Mosel
- 165 München
- 119 Münsterland · Münster
- 153 Nördlicher Schwarzwald
- 159 Nordseeküste Schleswig-Holstein
- 196 Oberbayern zwischen Lech und Inn
- 95 Oberpfalz · Regensburg
- 143 Odenwald · Kraichgau · Bergstraße
- 155 Ostbayern zwischen Donau und Inn
- 97 Ostfriesland · Oldenburger Land
- 168 Ostseeküste Mecklenburg-Vorpommern
- 157 Ostseeküste Schleswig-Holstein
- 112 Pfalz
- 194 Potsdam · Havelland
- 149 Rhein und Ruhr
- 127 Rhön
- 161 Saarland
- 78 Sachsen
- 114 Sachsen-Anhalt
- 110 Sauerland
- 200 Schwäbische Alb
- 179 Seen in Mecklenburg und Lauenburg
- 147 Spessart
- 139 Südschwarzwald
- 182 Tauber und Neckar · Stuttgart · Heilbronn · Rothenburg
- 173 Teutoburger Wald · Ostwestfalen
- 94 Thüringen
- 141 Thüringer Wald
- 202 Trier
- 163 Weimar · Erfurt · Nördliches Thüringen
- 123 Weserbergland
- 98 Westerwald · Taunus · Rheingau

BENELUX
- 187 Flandern · Brüssel
- 146 Holland · Inseln · Küste · Amsterdam
- 62 Luxemburg

FRANKREICH
- 160 Atlantikküste
- 122 Bretagne
- 67 Côte d'Azur · Monaco
- 113 Elsaß
- 91 Paris
- 85 Korsika
- 102 Loire
- 132 Normandie
- 192 Provence
- 184 Südfrankreich · Languedoc-Roussillon

GRIECHENLAND · ZYPERN
- 193 Athen · Peloponnes
- 140 Griechische Inseln · Kykladen
- 189 Korfu · Ionische Inseln
- 81 Kreta
- 104 Rhodos · Dodekanes
- 166 Zypern

GROSSBRITANNIEN · IRLAND
- 158 Irland
- 197 Kanalinseln
- 175 London
- 144 Schottland
- 124 Südengland

ITALIEN · MALTA
- 195 Adria · Emilia Romagna
- 126 Gardasee · Trentino
- 156 Golf von Neapel · Kampanien
- 128 Malta
- 142 Oberitalienische Seen · Lombardei · Mailand
- 74 Riviera · Genua
- 105 Rom
- 136 Sardinien
- 92 Sizilien
- 201 Süditalien · Apulien · Basilicata
- 89 Südtirol
- 167 Toskana · Florenz
- 181 Venedig · Venetien · Friaul · Triest

MITTEL- UND OSTEUROPA
- 164 Böhmen
- 138 Budapest
- 148 Danzig · Ostsee · Masuren
- 120 Prag
- 152 St. Petersburg

ÖSTERREICH
- 162 Burgenland
- 170 Kärnten
- 199 Niederösterreich · Wachau
- 100 Salzburger Land · Salzburg
- 66 Steiermark · Graz
- 174 Tirol
- 47 Vorarlberg

SCHWEIZ
- 154 Basel · Bern · Aargau · Solothurn
- 115 Graubünden
- 172 Tessin
- 191 Westschweiz · Genfer See · Wallis
- 72 Zentral- und Ostschweiz

SPANIEN · PORTUGAL
- 130 Algarve · Lissabon
- 150 Costa Blanca · Valencia · Alicante
- 109 Costa Brava · Katalonien
- 83 Costa del Sol · Andalusien
- 176 Gran Canaria · Fuerteventura · Lanzarote
- 134 Madrid
- 117 Mallorca · Menorca · Ibiza · Formentera
- 177 Teneriffa · La Palma · Gomera · Hierro

SKANDINAVIEN
- 183 Bornholm
- 68 Dänische Inseln
- 186 Jütland
- 180 Nordnorwegen · Nordkap · Lofoten · Spitzbergen
- 169 Südfinnland · Helsinki
- 106 Südnorwegen · Fjordland
- 118 Südschweden · Stockholm

In Vorbereitung

- 203 Nordportugal von Lissabon bis Porto
- 204 Bayerischer Wald
- 205 Nordspanien – Jakobsweg · Atlantikküste

Überall im Buchhandel / Bahnhofsbuchhandel erhältlich oder zu bestellen unter Telefon 0711/7252-198, Fax 0711/7252-333